INDICE

INTRODUZIONE

La professione del coach trova fondamento nelle parole di Socrate, che ha sviluppato un metodo di insegnamento basato sulla domanda e la riflessione. Il coach, infatti, non si limita a fornire consigli o soluzioni, ma aiuta il coachee a trovare le proprie risposte.

Il termine "coach", che in inglese significa "allenatore", indica quella figura che offre supporto agli atleti con l'obiettivo di migliorare le proprie prestazioni. Nel contesto sportivo, il coach è un professionista che ha una profonda conoscenza della disciplina e delle tecniche di allenamento. Il suo compito è quello di aiutare l'atleta a raggiungere il suo massimo potenziale, sia dal punto di vista fisico che mentale.

Il modello di Timothy Gallway è un esempio di come il coaching possa essere applicato in ambito sportivo. Il suo approccio si basa sull'idea che l'atleta abbia già dentro di sé le risorse per raggiungere il successo. Il compito del coach è quello di aiutare l'atleta a identificare e utilizzare queste risorse.

In conclusione, il coaching è una metodologia di sviluppo personale e professionale che si basa sulla partnership tra un coach e un coachee. Il coach aiuta il coachee a raggiungere i propri obiettivi, stimolando la sua riflessione e la sua autodeterminazione.

il modello di Gallway è stato un punto di svolta per il coaching, che ha iniziato a essere applicato in diversi ambiti della vita. Il coaching è una professione in continua evoluzione, che si sta espandendo sempre di più anche nel mondo delle disabilità.

La ADDCA è un'importante realtà nel campo del coaching per le persone con ADHD. La scuola offre corsi di formazione per coach ADHD, che sono professionisti specializzati nella relazione con persone con questo disturbo. I coach ADHD sono in grado di aiutare le persone con ADHD a raggiungere i propri obiettivi, sviluppando le loro capacità e risorse.

Il coaching per le persone con ADHD è un approccio efficace per migliorare la qualità della vita di queste persone. Il coach aiuta il coachee a:

•**Comprendere il proprio disturbo:** il coach aiuta il coachee a comprendere le cause e le caratteristiche del suo disturbo.

•**Sviluppare strategie di coping:** il coach aiuta il coachee a sviluppare strategie per affrontare le difficoltà legate al suo disturbo.

•**Migliorare la propria autostima e motivazione:** il coach aiuta il coachee a migliorare la propria autostima e motivazione.

•**Raggiungere i propri obiettivi:** il coach aiuta il coachee a raggiungere i propri obiettivi personali e professionali.

Il coaching per le persone con ADHD è un servizio che può essere reso da professionisti qualificati. È importante scegliere un coach che abbia esperienza e formazione specifica in questo campo.

Timothy Gallway ha sottolineato l'importanza di lavorare sulla sfera interiore dell'atleta per migliorare le sue prestazioni. Secondo il suo modello, gli ostacoli interiori possono essere di natura diversa, come:

•**Le paure:** la paura di fallire, la paura di vincere, la paura del giudizio degli altri.

•**Le convinzioni limitanti:** le convinzioni che ci impediscono di raggiungere i nostri obiettivi, come "non sono abbastanza bravo" o "non ce la posso fare".

•**I pensieri negativi:** i pensieri negativi che ci sabotano, come "non sono in forma" o "non sono fortunato".

Il compito del coach è quello di aiutare l'atleta a identificare e superare questi ostacoli, in modo da poter esprimere il suo pieno potenziale.

Gallway ha sviluppato un metodo di coaching basato sulla domanda e la riflessione. Il coach aiuta l'atleta a riflettere sui suoi pensieri, le sue convinzioni e le sue emozioni, in modo da poterle comprendere e trasformare.

Il coaching interiore è un approccio efficace per migliorare le prestazioni in qualsiasi ambito della vita. Il coaching aiuta le persone a superare le proprie limitazioni e a raggiungere i propri obiettivi.

Ecco alcuni esempi di ostacoli interiori che possono essere affrontati attraverso il coaching interiore:

•**Una persona che ha paura di parlare in pubblico può imparare a gestire la sua ansia e a comunicare in modo efficace.

•**Una persona che ha difficoltà a prendere decisioni può imparare a sviluppare la sua autostima e la sua fiducia in se stessa.

•**Una persona che è insoddisfatta del suo lavoro può imparare a definire i suoi obiettivi professionali e a sviluppare le sue competenze.

Il coaching interiore è un percorso di crescita personale e professionale che può aiutarci a raggiungere il nostro pieno potenziale.

il coaching può essere definito come un processo di sviluppo personale e professionale che aiuta le persone a raggiungere i loro obiettivi attraverso l'identificazione delle loro risorse e potenzialità.

Il coaching è un processo che si basa sulla partnership tra un coach e un coachee. Il coach è un professionista che ha le competenze e le conoscenze necessarie per aiutare il coachee a raggiungere i suoi obiettivi.

Il coaching può essere applicato in diversi ambiti della vita, tra cui:

•**Sviluppo personale:** il coaching può aiutare le persone a migliorare la propria autostima, la propria motivazione e le proprie capacità decisionali.

•**Sviluppo professionale:** il coaching può aiutare le persone a migliorare le proprie competenze, la propria carriera e la propria leadership.

•**Sport:** il coaching può aiutare gli atleti a migliorare le proprie prestazioni e a raggiungere i propri obiettivi sportivi.

Il coaching è un processo efficace per raggiungere obiettivi personali e professionali. Il coaching può aiutare le persone a migliorare la propria vita in diversi modi, tra cui:

•**Aumento dell'autostima:** il coaching può aiutare le persone a sviluppare una maggiore fiducia in se stesse e nelle proprie capacità.

•**Miglioramento delle competenze:** il coaching può aiutare le persone a sviluppare nuove competenze e migliorare quelle esistenti.

•**Aumento della motivazione:** il coaching può aiutare le persone a trovare la motivazione necessaria per raggiungere i propri obiettivi.

•**Miglioramento della performance:** il coaching può aiutare le persone a migliorare la propria performance in ambito personale e professionale.

Il coaching è un processo che può essere adattato alle esigenze specifiche di ogni coachee. Il coaching può essere individuale o di gruppo, e può essere svolto in presenza o online.

I principi del coaching si basano sulla visione dell'essere umano come persona che individua nelle proprie risorse gli strumenti che possono rendere efficace il processo di sviluppo e autoapprendimento.

Questi principi sono:

•**Consapevolezza:** di sé e degli altri. La consapevolezza è la capacità di comprendere se stessi e il mondo che ci circonda. Nel coaching, la consapevolezza è fondamentale per identificare i propri obiettivi, le proprie risorse e le proprie sfide.

•**Responsabilità:** delle proprie scelte e azioni. La responsabilità è la capacità di assumersi le conseguenze delle proprie azioni. Nel coaching, la responsabilità è fondamentale per raggiungere gli obiettivi e per crescere come persone.

•**Credere in sé stessi:** la fiducia in se stessi è la base per il successo. Nel coaching, il coach aiuta il coachee a sviluppare la fiducia in se stesso, in modo da poter raggiungere i propri obiettivi.

•**Nessun senso di colpa:** l'errore è un'opportunità di apprendimento. Nel coaching, il coach aiuta il coachee a vedere gli errori come opportunità di crescita, invece che come motivo di colpa.

•**Focus sulla soluzione:** il focus sulla soluzione è la chiave per il successo. Nel coaching, il coach aiuta il coachee a concentrarsi sulle soluzioni ai problemi, invece che sui problemi stessi.

•**Sfida:** la sfida è necessaria per crescere. Nel coaching, il coach crea situazioni stimolanti che spingono il coachee a crescere e a migliorare.

•**Azione:** l'azione è necessaria per raggiungere gli obiettivi. Nel coaching, il coach aiuta il coachee a sviluppare un piano d'azione per raggiungere i propri obiettivi.

•**Fiducia:** la fiducia è fondamentale per la relazione tra coach e coachee. Nel coaching, il coach crea un ambiente di fiducia in cui il coachee possa sentirsi libero di esprimere se stesso e di crescere.

•**Autoapprendimento:** l'autoapprendimento è il processo attraverso il quale le persone acquisiscono nuove conoscenze e competenze. Nel coaching, il coach aiuta il coachee a sviluppare le proprie capacità di autoapprendimento.

Questi principi sono alla base del coaching e sono fondamentali per il successo del processo.

Il pensiero di Gallwey sintetizza questi principi e le intenzionalità del coaching.

L'equazione di Gallwey, Performance = potenziale - interferenze, è un modo semplice per riassumere gli obiettivi del coaching. L'equazione suggerisce che la performance di una persona è determinata dal suo potenziale, meno le interferenze.

Le interferenze sono gli ostacoli interni ed esterni che possono limitare la performance di una persona. I coach aiutano i coachee a identificare e superare le interferenze, in modo da poter esprimere il loro pieno potenziale.

L'equazione di Gallwey è applicabile a qualsiasi ambito della vita. In ambito sportivo, le interferenze possono essere la paura di fallire, la pressione dei risultati o le aspettative degli altri. In ambito manageriale, le interferenze possono essere la mancanza di fiducia in se stessi, la paura del cambiamento o la resistenza all'innovazione.

Il coaching è un processo efficace per superare le interferenze e migliorare la performance. Il coach aiuta il coachee a sviluppare la consapevolezza delle proprie interferenze e a trovare strategie per superarle.

Il coaching è un percorso di crescita personale e professionale che può aiutare le persone a raggiungere il loro pieno potenziale.

La professione del coaching si basa sulla relazione tra coach e coachee, o allievo. La relazione è fondamentale per il successo del coaching, perché è il contesto in cui il coachee può sentirsi libero di esprimere se stesso e di crescere.

Gli elementi che rendono una relazione più profonda o significativa sono la comunicazione, l'ascolto e il silenzio.

•**La comunicazione** è la base di qualsiasi relazione. Il coach deve essere in grado di comunicare in modo chiaro e conciso, e deve essere in grado di ascoltare attivamente il coachee.

•**L'ascolto** è la chiave per creare una connessione con il coachee. Il coach deve essere in grado di ascoltare con attenzione e con empatia, e deve essere in grado di comprendere il punto di vista del coachee.

•**Il silenzio** è spesso uno strumento più potente della parola. Il coach deve essere in grado di creare spazi di silenzio in cui il coachee possa riflettere e trovare le proprie risposte.

Il coach usa questi tre strumenti per creare una connessione con il proprio coachee e, quindi, per aiutarlo a lavorare sulla propria interiorità.

Ecco alcuni esempi di come il coach può usare questi strumenti:

•**La comunicazione:** il coach può usare la comunicazione per aiutare il coachee a definire i suoi obiettivi, a identificare le sue risorse e a superare le sue sfide.

•**L'ascolto:** il coach può usare l'ascolto per aiutare il coachee a comprendere se stesso e il suo mondo.

•**Il silenzio:** il coach può usare il silenzio per aiutare il coachee a trovare la sua voce interiore.

La relazione tra coach e coachee è un processo dinamico e continuo. Il coach deve essere in grado di adattarsi alle esigenze del coachee e di creare un ambiente di fiducia e di supporto.

La comunicazione verbale è il processo di scambio di informazioni attraverso le parole. La comunicazione non verbale è il processo di scambio di informazioni attraverso i segnali non verbali, come le espressioni del viso, la postura del corpo o lo sguardo.

Nel coaching, la comunicazione è fondamentale per creare una relazione di fiducia e di collaborazione tra il coach e il coachee. La comunicazione è anche necessaria per aiutare il coachee a definire i suoi obiettivi, a identificare le sue risorse e a superare le sue sfide.

L'ascolto attivo è una tecnica di comunicazione che permette al coach di comprendere il punto di vista del coachee. L'ascolto attivo consiste in:

- **Concentrarsi sul coachee e sulle sue parole.**
- **Riassumere e parafrasare le parole del coachee.**
- **Fare domande per comprendere meglio il punto di vista del coachee.**

Il silenzio è spesso uno strumento più potente della parola. Il silenzio può essere usato dal coach per creare un ambiente di riflessione e di concentrazione per il coachee.

Ecco alcuni esempi di come il coach può usare la comunicazione per raggiungere i suoi obiettivi:

- **Il coach può usare la comunicazione per creare un ambiente di fiducia e di supporto.**
- **Il coach può usare la comunicazione per aiutare il coachee a definire i suoi obiettivi.**
- **Il coach può usare la comunicazione per aiutare il coachee a identificare le sue risorse.**
- **Il coach può usare la comunicazione per aiutare il coachee a superare le sue sfide.**

La comunicazione è un processo continuo che si sviluppa nel corso del processo di coaching. Il coach deve essere in grado di adattare la sua comunicazione alle esigenze del coachee e al contesto specifico.

Esistono diversi livelli di ascolto, dal nullo, in cui l'ascoltatore non è coinvolto né cognitivamente né emotivamente, al selettivo, in cui l'ascoltatore fa propri solo i contenuti di suo interesse, all'attivo, in cui l'ascoltatore è partecipe cognitivamente, razionalmente ed emotivamente nella comunicazione con l'altro.

L'ascolto attivo è la forma più efficace di ascolto. L'ascolto attivo consiste in:

- **Concentrarsi sull'oratore e sulle sue parole.**
- **Riassumere e parafrasare le parole dell'oratore.**
- **Fare domande per comprendere meglio il punto di vista dell'oratore.**

L'ascolto attivo è fondamentale per la relazione tra coach e coachee. L'ascolto attivo permette al coach di:

- **Creare un ambiente di fiducia e di supporto.**
- **Comprendere il punto di vista del coachee.**
- **Aiutare il coachee a definire i suoi obiettivi.**
- **Aiutare il coachee a identificare le sue risorse.**
- **Aiutare il coachee a superare le sue sfide.**

L'ascolto attivo è uno strumento potente che può essere usato per migliorare la comunicazione e la relazione tra due persone.

Ecco alcuni consigli per migliorare l'ascolto attivo:

- **Fai attenzione al linguaggio non verbale dell'oratore.**
- **Non interrompere l'oratore.**
- **Lascia che l'oratore finisca di parlare prima di rispondere.**
- **Concentrati sulle parole dell'oratore, non sulle tue reazioni.**
- **Fai domande per comprendere meglio il punto di vista dell'oratore.**

L'ascolto attivo è una competenza che può essere acquisita e migliorata con la pratica.

Il silenzio permette al coach di:

- **Concentrarsi sulle parole del coachee.**
- **Comprendere il punto di vista del coachee a un livello più profondo.**
- **Creare un ambiente di fiducia e di supporto.**

Il silenzio è uno strumento potente che può essere usato per migliorare la comunicazione e la relazione tra coach e coachee.

Ecco alcuni consigli per usare il silenzio in modo efficace:

- **Non interrompere il coachee.**
- **Lascia che il coachee finisca di parlare prima di rispondere.**
- **Concentrati sulle parole del coachee, non sulle tue reazioni.**
- **Usa il silenzio per fare domande o per fornire feedback.**

Il silenzio è una competenza che può essere acquisita e migliorata con la pratica.

È importante che il coach sia in grado di mettere in pausa il proprio dialogo interiore durante il silenzio. Il dialogo interiore è il flusso di pensieri e di emozioni che si verifica nella mente. Quando il coach è in grado di mettere in pausa il proprio dialogo interiore, può concentrarsi completamente sulle parole del coachee.

Il silenzio può essere un momento di grande trasformazione per il coachee. Quando il coachee si sente ascoltato e compreso, può iniziare a esplorare il proprio mondo interiore. Il silenzio può creare un ambiente di sicurezza e di fiducia in cui il coachee può sentirsi libero di esprimere se stesso.

Il silenzio è uno strumento prezioso che può essere usato per migliorare il processo di coaching.

Il coach può anche allenarsi a trasmettere segnali di empatia, che possono rendere più accogliente e sicura la relazione. I segnali di empatia possono essere verbali, come un tono di voce calmo e attento, o non verbali, come un contatto visivo diretto e un'espressione facciale che mostra interesse.

Ecco alcuni consigli per trasmettere segnali di empatia:

- **Concentrati sul coachee e sulle sue parole.**
- **Rispecchia il linguaggio del corpo del coachee.**
- **Fai domande per comprendere meglio il punto di vista del coachee.**
- **Esprimi comprensione e sostegno.**

I segnali di empatia possono aiutare il coach a creare un ambiente di fiducia e di supporto in cui il coachee possa sentirsi libero di esprimere se stesso e di crescere.

Il modello GROW è un modello di coaching che si basa sull'uso di domande efficaci. Il modello GROW è composto da quattro fasi:

- **Goal (Obiettivo):** il coach aiuta il coachee a definire un obiettivo chiaro e specifico.
- **Reality (Realtà):** il coach aiuta il coachee a comprendere la sua situazione attuale.

- **Options (Opzioni):** il coach aiuta il coachee a esplorare le diverse opzioni per raggiungere il suo obiettivo.

- **Will (Volontà):** il coach aiuta il coachee a sviluppare un piano d'azione e a impegnarsi a raggiungerlo.

Le domande efficaci sono domande che:

- **Sono aperte e stimolanti.**
- **Invitano il coachee a riflettere e a trovare le sue risposte.**
- **Non sono direttive o giudicanti.**

Le domande efficaci possono aiutare il coachee a:

- **Definire il suo obiettivo in modo chiaro e specifico.**
- **Comprendere la sua situazione attuale.**
- **Esplorare le diverse opzioni per raggiungere il suo obiettivo.**
- **Sviluppare un piano d'azione e a impegnarsi a raggiungerlo.

Il modello GROW è un modello flessibile che può essere adattato a qualsiasi contesto. Il coach può utilizzare le domande efficaci per guidare il coachee in un percorso di crescita e di sviluppo personale e professionale.

Ecco alcuni esempi di domande efficaci:

- **In che modo potresti definire il tuo obiettivo in modo più specifico?**
- **Cosa ti sta trattenendo dal raggiungere il tuo obiettivo?**
- **Quali sono le diverse opzioni che hai per raggiungere il tuo obiettivo?**
- **Come puoi misurare il tuo progresso?**

Le domande efficaci sono uno strumento potente che può aiutare il coach a guidare il coachee verso il successo.

Per comprendere il meccanismo delle domande efficaci, bisogna prima ricordare che nella mente di ciascun individuo scorre un immenso flusso di pensieri, alcuni dei quali spesso si ripetono assiduamente e quotidianamente. Questi pensieri ricorrenti portano la persona a sviluppare dei punti di vista chiusi, difficilmente soggetti a mutamento.

Le domande efficaci si inseriscono proprio all'interno di questo meccanismo. La loro funzione è quella di proporre quesiti che stimolino la persona ad aprirsi a prospettive nuove e a elaborare idee e pensieri che fino ad allora essa non aveva ancora considerato.

Incoraggiando questo movimento mentale, ancor prima di agire concretamente nel mondo, si avvia un processo consapevole che porta l'individuo ad attivarsi, riflettendo e analizzando verso l'individuazione di nuove visioni e prospettive.

Ecco alcuni esempi di come le domande efficaci possono aiutare la persona a crescere e a svilupparsi:

•**Una persona che si sente bloccata in una situazione difficile, può essere aiutata a trovare nuove soluzioni attraverso domande come: "Cosa ti impedisce di cambiare?" o "Quali sono le risorse che hai a disposizione per superare questa difficoltà?"**

•**Una persona che vuole raggiungere un obiettivo, può essere aiutata a definire il suo obiettivo in modo più chiaro e specifico attraverso domande come: "Cosa vuoi ottenere concretamente?" o "Quali sono i passi concreti che puoi fare per raggiungere il tuo obiettivo?"**

•**Una persona che vuole migliorare le proprie relazioni con gli altri, può essere aiutata a comprendere meglio i propri bisogni e quelli degli altri attraverso domande come: "Cosa ti aspetti dalle tue relazioni?" o "Cosa puoi fare per migliorare la tua comunicazione con gli altri?"**

Le domande efficaci sono uno strumento potente che può aiutare la persona a crescere e a svilupparsi in diversi ambiti della sua vita.

Il modello GROW di J. Whitmore è costituito da sette domande specifiche che stimolano nella persona la formulazione di un processo di ragionamento e analisi rivolto alla riflessione sulla situazione in oggetto.

Le domande efficaci dovrebbero toccare i seguenti aspetti:

•**Goal (Obiettivo):** verificare e fissare l'obiettivo.

•**Reality (Realtà):** verificare la realtà.

•**Options (Opzioni):** verificare le opzioni.

•**Will (Volontà):** verificare la volontà di farlo.

Nella loro formulazione finale, le domande efficaci devono possedere determinate caratteristiche:

•**Chiarezza e semplicità:** le domande devono essere espresse in modo chiaro e semplice, in modo che il coachee possa comprenderle facilmente.

•**Mirata allo scopo:** le domande devono essere mirate allo scopo del coaching, ovvero aiutare il coachee a raggiungere il suo obiettivo.

•**Stimolazione al cambiamento:** le domande devono stimolare il coachee a riflettere e a trovare nuove soluzioni.

Ecco alcuni esempi di domande efficaci:

- **Goal (Obiettivo):** "Qual è il tuo obiettivo a lungo termine?", "Qual è il risultato che vuoi ottenere?"

- **Reality (Realtà):** "Qual è la tua situazione attuale?", "Quali sono i tuoi punti di forza e di debolezza?"

- **Options (Opzioni):** "Quali sono le diverse opzioni che hai a disposizione?", "Quali sono i pro e i contro di ciascuna opzione?"

- **Will (Volontà):** "Sei disposto a fare ciò che serve per raggiungere il tuo obiettivo?", "Cosa ti motiva a raggiungere il tuo obiettivo?"

Le domande efficaci sono uno strumento potente che può aiutare il coach a guidare il coachee verso il successo.

L'istruzione è un processo di trasferimento di conoscenze e competenze da un insegnante a uno studente. L'insegnante è la fonte di conoscenza e lo studente è il ricevente. L'istruzione è spesso un processo lineare, in cui lo studente segue un percorso prestabilito di apprendimento.

L'apprendimento è un processo attivo, in cui l'individuo costruisce la propria conoscenza sulla base delle proprie esperienze e riflessioni. L'individuo è protagonista del proprio apprendimento e il processo è spesso non lineare.

Nel coaching, il coach non è un insegnante, ma un facilitatore dell'apprendimento. Il coach aiuta il coachee a identificare i propri obiettivi di apprendimento, a sviluppare un piano di azione e a monitorare i progressi. Il coachee è il protagonista del proprio apprendimento e il processo è basato sulla riflessione, la sperimentazione e la pratica.

Ecco alcuni esempi di come il coaching può aiutare le persone ad apprendere:

- **Un manager che vuole migliorare le proprie capacità di leadership può lavorare con un coach per identificare le proprie aree di miglioramento, sviluppare un piano di sviluppo e monitorare i progressi.**

- **Un atleta che vuole migliorare le proprie prestazioni può lavorare con un coach per identificare i propri obiettivi, sviluppare un piano di allenamento e monitorare i progressi.**

- **Un individuo che vuole migliorare la propria vita personale può lavorare con un coach per identificare i propri obiettivi, sviluppare un piano di cambiamento e monitorare i progressi.**

Il coaching è un processo efficace per aiutare le persone ad apprendere e a crescere. Il coaching è basato sull'apprendimento attivo e sulla riflessione, che sono i processi più efficaci per costruire una conoscenza significativa.

Il coaching è un processo di accompagnamento, in cui il coach aiuta il coachee a raggiungere i propri obiettivi. Il coach non è un insegnante, un mentore, un terapeuta o un consulente. Il coach è un facilitatore dell'apprendimento e del cambiamento.

Il coach aiuta il coachee a:

- **Identificare i propri obiettivi.**
- **Sviluppare un piano d'azione.**
- **Monitorare i progressi.**
- **Superare gli ostacoli.**

Il coach non dà consigli o prescrizioni. Il coach aiuta il coachee a trovare le proprie soluzioni e a prendere le proprie decisioni.

Carol Wilson, nella sua analogia con l'automobile, sottolinea che il coach non insegna al coachee come guidare. Il coach aiuta il coachee a guidare l'automobile da solo.

Ecco alcuni esempi di come il coaching può essere utile:

- **Un manager che vuole migliorare le proprie capacità di leadership può lavorare con un coach per identificare i propri obiettivi di sviluppo, sviluppare un piano di sviluppo e monitorare i progressi.**
- **Un atleta che vuole migliorare le proprie prestazioni può lavorare con un coach per identificare i propri obiettivi, sviluppare un piano di allenamento e monitorare i progressi.**
- **Un individuo che vuole migliorare la propria vita personale può lavorare con un coach per identificare i propri obiettivi di cambiamento, sviluppare un piano di cambiamento e monitorare i progressi.**

Il coaching è un processo efficace per aiutare le persone a raggiungere i propri obiettivi e a migliorare la propria vita.

Il coach non è un sostituto del coachee, ma è un facilitatore del suo processo di crescita e sviluppo. Il coach aiuta il coachee a identificare i suoi limiti e le sue risorse, e a trovare le soluzioni ai suoi problemi.

Il coach non dà consigli o prescrizioni, ma aiuta il coachee a trovare le sue soluzioni e a prendere le sue decisioni.

Il coach è una figura imparziale e non giudicante, che crea un ambiente di fiducia e di supporto in cui il coachee possa sentirsi libero di esprimere se stesso e di crescere.

Chiedere aiuto non è una forma di inferiorità, ma è il riconoscimento di un limite che un individuo da solo non riesce a superare.

Talvolta, è proprio la relazione con un'altra persona, grazie all'aiuto che essa offre, che consente di individuare un ostacolo che non permette di aprire il proprio punto di vista su qualcosa.

Il coach interviene proprio per aiutare le persone a trovare questa consapevolezza e per aiutarle a individuare dentro di sé le risorse che le possono consentire di perseguire un percorso di crescita e di sviluppo.

Ecco alcuni esempi di come il coaching può essere utile:

- **Un manager che si sente bloccato nella sua carriera può lavorare con un coach per identificare i suoi obiettivi di sviluppo, sviluppare un piano di sviluppo e monitorare i progressi.**
- **Un atleta che vuole migliorare le sue prestazioni può lavorare con un coach per identificare i suoi obiettivi, sviluppare un piano di allenamento e monitorare i progressi.**
- **Un individuo che vuole migliorare la sua vita personale può lavorare con un coach per identificare i suoi obiettivi di cambiamento, sviluppare un piano di cambiamento e monitorare i progressi.**

Il coaching è un processo efficace per aiutare le persone a raggiungere i propri obiettivi e a migliorare la propria vita.

Maslow ha proposto una teoria della motivazione umana basata su una gerarchia di bisogni, disposti a piramide. I bisogni alla base della piramide sono quelli fisiologici e di sicurezza, che devono essere soddisfatti prima che le persone possano concentrarsi sui bisogni di livello superiore, come la stima e l'autorealizzazione.

Il bisogno di autorealizzazione è il bisogno di realizzare il proprio potenziale. È un bisogno intrinseco, che non deriva da fattori esterni.

Il coaching si basa sul pensiero di Maslow nel senso che aiuta le persone a raggiungere il loro pieno potenziale. Il coach aiuta il coachee a identificare i suoi bisogni e a sviluppare un piano per raggiungerli.

Il coaching favorisce la creazione di interazioni significative, di alleanze e di co-partecipazione. Questo crea un ambiente in cui le persone si sentono supportate e incoraggiate a raggiungere i loro obiettivi.

Ecco alcuni esempi di come il coaching può aiutare le persone a raggiungere il loro bisogno di autorealizzazione:

- **Un manager che vuole sviluppare le proprie capacità di leadership può lavorare con un coach per identificare i suoi obiettivi di sviluppo, sviluppare un piano di sviluppo e monitorare i progressi.**
- **Un atleta che vuole migliorare le proprie prestazioni può lavorare con un coach per identificare i suoi obiettivi, sviluppare un piano di allenamento e monitorare i progressi.**
- **Un individuo che vuole migliorare la propria vita personale può lavorare con un coach per identificare i suoi obiettivi di cambiamento, sviluppare un piano di cambiamento e monitorare i progressi.**

Il coaching è un processo efficace per aiutare le persone a raggiungere il loro pieno potenziale e a realizzare i loro sogni.

Il **Business Coaching** è una specializzazione del coaching che si concentra sul miglioramento delle performance di individui e organizzazioni. Il Business Coach aiuta le persone a identificare i propri obiettivi professionali, a sviluppare le proprie competenze e a raggiungere il successo.

Il Business Coaching può essere applicato a diversi livelli, dall'individuo all'intera organizzazione.

A livello individuale, il Business Coaching può aiutare le persone a:

- **Migliorare le proprie competenze professionali**, come la comunicazione, la leadership e la gestione del tempo.
- **Raggiungere i propri obiettivi di carriera**, come una promozione o un cambio di ruolo.
- **Gestire lo stress e le sfide lavorative**.

A livello organizzativo, il Business Coaching può aiutare le organizzazioni a:

- **Migliorare la comunicazione e la collaborazione tra i dipendenti**.
- **Aumentare la produttività e l'efficienza**.
- **Creare una cultura aziendale positiva**.

Il Business Coaching è un processo efficace per aiutare le persone e le organizzazioni a raggiungere il successo.

Ecco alcuni esempi di come il Business Coaching può essere utilizzato in ambito aziendale:

•**Un manager che vuole migliorare le proprie capacità di leadership può lavorare con un Business Coach per identificare i suoi obiettivi di sviluppo, sviluppare un piano di sviluppo e monitorare i progressi.**

•**Un team di lavoro che vuole migliorare la propria comunicazione può lavorare con un Business Coach per identificare le aree di miglioramento, sviluppare un piano di intervento e monitorare i progressi.**

•**Un'azienda che vuole migliorare la propria produttività può lavorare con un Business Coach per identificare le aree di miglioramento, sviluppare un piano di intervento e monitorare i progressi.**

Business Coaching

Il Business Coaching è un processo che può essere personalizzato in base alle esigenze specifiche di individui e organizzazioni.

Sport Coaching

Executive Coaching: Si rivolge a professionisti che rivestono ruoli dirigenziali. Il coach executive aiuta i singoli a riconoscere e potenziare le proprie competenze, al fine di raggiungere il successo in ambito lavorativo.

Executive Coaching

Corporate Coaching: Si concentra sul miglioramento delle prestazioni di un'intera organizzazione. Il coach aziendale utilizza una visione globale dell'azienda per rafforzare le relazioni tra tutti coloro che ne fanno parte e massimizzare le prestazioni aziendali.

Corporate Coaching

Life Coaching: Aiuta le persone a raggiungere una condizione di autorealizzazione nella propria vita personale. Il coach di vita aiuta le persone a identificare i loro obiettivi e a sviluppare un piano per raggiungerli.

Life Coaching

Health Coaching: Si concentra sul raggiungimento del benessere globale dell'individuo. Il coach sanitario aiuta le persone a sviluppare abitudini sane e a migliorare la propria qualità della vita.

Health Coaching
Queste sono solo alcune delle tante tipologie di coaching disponibili. Il tipo di coaching più adatto a una persona o un'organizzazione dipenderà dalle sue esigenze specifiche.

l'ADHD Life Coaching una specializzazione del coaching che si concentra sul supporto alle persone con Disturbo da deficit dell'attenzione/iperattivit (ADHD) e alle loro famiglie. L'ADHD un disturbo dello sviluppo neurologico che si manifesta con difficolt di attenzione, iperattivit e impulsivit . Queste difficolt possono avere un impatto significativo sulla vita delle persone con ADHD, sia a livello personale che professionale.

L'ADHD Life Coach aiuta le persone con ADHD a:

- **Comprendere il proprio disturbo e le sue implicazioni.**
- **Sviluppare strategie per gestire i sintomi dell'ADHD.**
- **Raggiungere i propri obiettivi personali e professionali.**
- **Affrontare le sfide legate all'ADHD.**

L'ADHD Life Coach un professionista qualificato che ha ricevuto una formazione specifica sull'ADHD. Il coach lavora con le persone con ADHD in modo rispettoso e non giudicante, fornendo loro supporto e guida.

In Italia, la prima scuola di formazione per ADHD Life Coach stata fondata da Maria Gabriella La Porta e Roberta Lodi Pasini. La scuola ha l'obiettivo di fornire agli ADHD Life Coach gli strumenti e le competenze necessarie per supportare le persone con ADHD in modo efficace.

La diffusione dell'ADHD Life Coaching un segno del crescente riconoscimento dei bisogni delle persone con ADHD. Il coach ADHD pu essere un importante supporto per le persone con ADHD e le loro famiglie, aiutandole a vivere una vita piena e soddisfacente.

Ecco alcuni dei benefici dell'ADHD Life Coaching:

- **Miglioramento della comprensione del disturbo e delle sue implicazioni.**
- **Sviluppo di strategie efficaci per gestire i sintomi dell'ADHD.**
- **Incremento dell'autostima e della fiducia in se stessi.**
- **Miglioramento della qualit della vita personale e professionale.**
- **Riduzione dello stress e dell'ansia.**

L'ADHD Life Coaching un processo efficace che pu aiutare le persone con ADHD a raggiungere il loro pieno potenziale.

Nel momento in cui si pattuisce l'inizio del rapporto coach-coachee inizia la vera e propria conoscenza. Il coach cerca di aprirsi al racconto del vissuto del coachee, cercando di costruire un'aurea empatica in cui, con il tempo, pu svilupparsi un sentimento di fiducia reciproca.

In questa fase i partecipanti cominciano a individuare gli obiettivi da raggiungere e le modalit da utilizzare. Ogni incontro successivo un momento di confronto e di consegna di feedback riguardanti le azioni realizzate.

Il coaching individuale un processo efficace per aiutare le persone a raggiungere i propri obiettivi personali e professionali.

Ecco alcuni dei benefici del coaching individuale:

- **Miglioramento della consapevolezza di s .**

- **Sviluppo di nuove competenze e abilit .**

- **Raggiunzione di obiettivi personali e professionali.**

- **Riduzione dello stress e dell'ansia.**

- **Miglioramento della qualit della vita.**

Il coaching individuale un processo che pu essere personalizzato in base alle esigenze specifiche del coachee.

Il Team Coaching pu essere utilizzato per una variet di scopi, tra cui:

- **Raggiungere un obiettivo comune.**
- **Migliorare la comunicazione e la collaborazione.**
- **Risolvere i conflitti.**
- **Sviluppare nuove competenze e abilit .**
- **Aumentare la produttivit .**
- **Creare un ambiente di lavoro positivo.**

Il Team Coaching un processo efficace per aiutare i team a raggiungere il loro pieno potenziale.

Ecco alcuni dei benefici del Team Coaching:

- **Miglioramento della comunicazione e della collaborazione.**
- **Riduzione dei conflitti.**
- **Aumento della produttività.**
- **Creazione di un ambiente di lavoro positivo.**

Il Team Coaching è un processo che può essere personalizzato in base alle esigenze specifiche del team.

In particolare, il coaching spesso viene utilizzato per la gestione dei conflitti e la risoluzione di situazioni che danneggiano le relazioni interpersonali e il lavoro professionale. In questi casi, il coach aiuta il team a identificare la fonte del conflitto e a sviluppare strategie per risolverlo in modo costruttivo.

Il Team Coaching è un processo che può essere molto utile per i team che desiderano migliorare le proprie prestazioni e raggiungere il successo.

L'International Coaching Federation (ICF) ha sviluppato un modello di competenze chiave per il coaching, che rappresenta una guida per gli coach professionisti. Le competenze chiave sono suddivise in quattro categorie:

- **Le basi:** riguardano la pratica etica del coaching e la mentalità del coach.
- **Co-creare la relazione:** riguardano la costruzione di una relazione di fiducia e sicurezza con il coachee.
- **Comunicare efficacemente:** riguardano la comunicazione efficace con il coachee.
- **Coltivare l'apprendimento e la crescita:** riguardano il supporto al coachee nel suo processo di apprendimento e crescita.

Le otto competenze chiave dell'ICF sono:

A. Le basi

- **Dimostra la pratica etica:** il coach agisce in modo etico e professionale, rispettando gli standard di coaching e il Codice Etico ICF.
- **Incarna il coaching mindset:** il coach ha una mentalità aperta, flessibile e priva di pregiudizi, ed è consapevole di sé e degli altri.

B. Co-creare la relazione

- **Stabilisce e mantiene gli accordi:** il coach collabora con il coachee per stabilire e mantenere accordi chiari e concreti.

•Coltiva fiducia e sicurezza: il coach crea un clima di fiducia e sicurezza in cui il coachee possa sentirsi a proprio agio e libero di esprimersi.

•Mantiene la presenza: il coach   presente e concentrato durante le sessioni di coaching, e presta attenzione al coachee e al suo messaggio.

C. Comunicare efficacemente

•Ascolta attivamente: il coach ascolta con attenzione il coachee, senza giudicare o interrompere.

•Evoca consapevolezza: il coach aiuta il coachee a sviluppare una maggiore consapevolezza di s , dei suoi pensieri, sentimenti e comportamenti.

•Facilita la scoperta: il coach aiuta il coachee a trovare le proprie risposte e soluzioni.

D. Coltivare l'apprendimento e la crescita

•Sviluppa il potenziale del coachee: il coach aiuta il coachee a raggiungere il suo pieno potenziale.

•Rafforza l'autoefficacia: il coach aiuta il coachee a sviluppare la fiducia in se stesso e nelle sue capacit .

•Incoraggia l'azione: il coach incoraggia il coachee a prendere azioni concrete per raggiungere i suoi obiettivi.

Queste competenze chiave sono fondamentali per un coach professionista che desideri fornire un servizio di qualit ai propri coachee.

Nel tuo commento, hai riassunto in modo accurato le competenze chiave dell'ICF. In particolare, hai evidenziato l'importanza della pratica etica, della mentalit del coach e della co-creazione della relazione.

La pratica etica   fondamentale per il coaching, in quanto garantisce che il coach agisca in modo professionale e rispettoso del coachee.

La mentalit del coach   importante in quanto permette al coach di comprendere e supportare il coachee in modo efficace.

La co-creazione della relazione   importante in quanto crea un ambiente in cui il coachee possa sentirsi a proprio agio e libero di esprimere se stesso.

Le altre competenze chiave sono altrettanto importanti, in quanto permettono al coach di fornire un servizio di qualit ai propri coachee.

Le competenze del coach sono relative al comportamento che egli manifesta e ai soggetti ai quali   indirizzato il comportamento stesso. Il coach deve essere in grado di porre domande efficaci che stimolino l'interlocutore a riflettere e a costruire un pensiero positivo, il quale gli consenta di vedere la realt   in modo diverso e che, quindi, gli permetta di attivare un movimento verso la crescita interiore.

Tuttavia, il ruolo del coach non si limita al rispetto degli standard della professione e all'applicazione di strumenti specifici. Il coach   anche un facilitatore del cambiamento, e come tale deve essere in grado di creare un ambiente sicuro e di fiducia in cui il coachee possa sentirsi a proprio agio e libero di esprimersi.

Il dialogo interiore, come hai sottolineato, gioca un ruolo fondamentale nel determinare la qualit   di una relazione. Le interferenze, come pregiudizi, preoccupazioni personali, esperienze pregresse ed emozioni, possono condizionare negativamente l'esito di questa interazione. Al contrario, le inclinazioni personali del coach possono anche svolgere un ruolo determinante nell'incidere positivamente sulla relazione.

Un coach che   in grado di essere presente a se stesso, di ascoltare con attenzione e di comprendere le emozioni del coachee,   pi   probabile che crei un rapporto di fiducia e di collaborazione. Questo rapporto   essenziale per il successo del processo di coaching.

Ecco alcuni esempi di come le inclinazioni personali del coach possono incidere positivamente sulla relazione:

- **Un coach che   ottimista e che crede nelle capacit   del coachee   pi   probabile che trasmetta questa convinzione al coachee, incoraggiandolo a raggiungere i suoi obiettivi.**
- **Un coach che   empatico e che si mette nei panni del coachee   pi   probabile che comprenda i suoi bisogni e le sue sfide, in modo da poterlo supportare in modo pi   efficace.**
- **Un coach che   aperto e flessibile   pi   probabile che sia in grado di adattarsi alle esigenze del coachee e di creare un percorso di coaching personalizzato.**

Naturalmente,   importante che il coach sia consapevole delle proprie inclinazioni personali e di come queste possano influenzare la relazione. Un coach che   consapevole dei propri pregiudizi e delle proprie reazioni emotive   pi   probabile che possa gestire queste interferenze in modo costruttivo.

In conclusione, le competenze del coach sono fondamentali per il successo del processo di coaching. Tuttavia, anche le inclinazioni personali del coach possono svolgere un ruolo determinante nell'incidere positivamente sulla relazione. Un coach che   in grado di essere presente a se stesso, di ascoltare con attenzione e di comprendere le emozioni del coachee,   pi   probabile che crei un rapporto di fiducia e di collaborazione, essenziale per il successo del processo di coaching.

La curiosit   e la creativit   sono due caratteristiche personali che possono essere molto utili per un coach.

La curiosit permette al coach di essere aperto a nuove idee e prospettive, e di esplorare nuovi modi di pensare e di fare le cose. Questo pu essere molto utile nel processo di coaching, in quanto pu aiutare il coach a comprendere meglio il coachee e le sue esigenze.

La creativit permette al coach di trovare soluzioni innovative ai problemi. Questo pu essere utile nel processo di coaching, in quanto pu aiutare il coachee a trovare soluzioni che non aveva considerato prima.

Inoltre, la curiosit e la creativit possono contribuire alla creazione di una relazione pi forte e significativa tra coach e coachee. Quando il coach curioso e creativo, il coachee pi propenso a sentirsi a suo agio e a fidarsi del coach.

Ecco alcuni esempi di come la curiosit e la creativit possono essere utili nel coaching:

- **Un coach curioso pu chiedere al coachee domande stimolanti che lo inducano a riflettere e a vedere la situazione da una nuova prospettiva.**
- **Un coach creativo pu proporre al coachee attivit o esercizi che lo aiutino a sviluppare nuove competenze o a risolvere problemi in modo innovativo.**

Naturalmente, importante che il coach sia consapevole dei propri limiti e delle proprie competenze. Un coach che troppo curioso o creativo pu rischiare di andare fuori strada o di proporre al coachee soluzioni non realistiche.

In conclusione, la curiosit e la creativit sono due caratteristiche personali che possono essere molto utili per un coach. Un coach che curioso e creativo pi probabile che crei una relazione forte e significativa con il coachee, e che lo aiuti a raggiungere i suoi obiettivi.

 importante che il coach riconosca i propri limiti. Un coach che non consapevole dei propri limiti pu rischiare di fare del male al coachee, sia a livello emotivo che professionale.

Ecco alcuni esempi di come un coach pu riconoscere i propri limiti:

- **Se il coach si sente sopraffatto o stressato dalla situazione, importante che riconosca di non essere in grado di aiutare il coachee in modo efficace.**
- **Se il coach ha una storia personale o professionale che potrebbe interferire con il processo di coaching, importante che riconosca questo conflitto di interessi e che si astenga dal lavorare con il coachee.**
- **Se il coach non ha le competenze o l'esperienza necessarie per aiutare il coachee a raggiungere i suoi obiettivi,**

importante che lo riconosca e che si rivolga a un altro coach pi   qualificato.

In conclusione,   importante che il coach sia consapevole dei propri limiti e che sia in grado di riconoscere quando non   in grado di aiutare il coachee in modo efficace. Un coach che   consapevole dei propri limiti   pi probabile che agisca in modo etico e professionale, e che fornisca un servizio di qualit   al coachee.

In particolare, l'etica del coaching richiede che il coach metta i bisogni del coachee al primo posto. Questo significa che il coach deve essere disposto a rinunciare all'incarico se ritiene che non sia in grado di aiutare il coachee in modo efficace.

Un coach che   in grado di riconoscere i propri limiti e di sottrarsi dall'incarico quando necessario   un coach che dimostra di essere etico e professionale.

Il coaching non si focalizza sul problema, ma sulla soluzione. Il coach aiuta il coachee a identificare i suoi obiettivi e a sviluppare un piano d'azione per raggiungerli.

Gli obiettivi devono essere realistici, raggiungibili, espressi in positivo e coerenti con le capacit   del coachee. Questo significa che gli obiettivi devono essere possibili da raggiungere, ma non troppo facili o troppo difficili. Devono essere espressi in termini positivi, concentrandosi su ci   che si vuole ottenere, piuttosto che su ci   che si vuole evitare. E devono essere coerenti con le capacit   del coachee, in modo che sia motivato a raggiungerli.

La presenza di obiettivi chiari e ben definiti   essenziale per il successo del processo di coaching. Senza obiettivi, il coachee non avr   una direzione da seguire e sar   pi   probabile che si senta frustrato o scoraggiato.

Ecco alcuni dei benefici di avere obiettivi chiari e ben definiti:

- **Forniscono una direzione e un focus al processo di coaching.**
- **Aiutano il coachee a rimanere motivato.**
- **Facilitano il monitoraggio del progresso.**
- **Migliorano la probabilit   di successo.**

Il coach aiuta il coachee a identificare i suoi obiettivi e a sviluppare un piano d'azione per raggiungerli. Il coachee   responsabile del raggiungimento dei suoi obiettivi, ma il coach lo supporta e lo guida lungo il percorso.

In conclusione, il coaching   un processo orientato al raggiungimento di obiettivi. Gli obiettivi devono essere chiari, ben definiti e realistici, in modo da garantire il successo del processo.

Individuare degli obiettivi specifici non è facile come sembra. Spesso è più facile individuare dove non si vuole arrivare piuttosto che ciò che si vuole raggiungere. Oppure è più immediato stabilire un obiettivo in funzione di ciò che si sta vivendo nel presente piuttosto che focalizzarsi su ciò che si vuole raggiungere in una dimensione più ampia.

Il modello GROW di J. Whitmore può essere un utile supporto per individuare degli obiettivi specifici. Il modello GROW è un acronimo che sta per:

- **Goal:** Definire l'obiettivo.
- **Reality:** Analizzare la situazione attuale.
- **Options:** Generare delle opzioni per raggiungere l'obiettivo.
- **Will:** Sviluppare un piano d'azione e assumersi l'impegno per raggiungerlo.

Il modello GROW aiuta il coachee a:

- **Definire un obiettivo chiaro e specifico.**
- **Comprendere la situazione attuale.**
- **Generare delle opzioni per raggiungere l'obiettivo.**
- **Sviluppare un piano d'azione e assumersi l'impegno per raggiungerlo.**

Ecco alcuni suggerimenti per individuare degli obiettivi specifici:

- **Concentrati su ciò che vuoi ottenere, piuttosto che su ciò che vuoi evitare.**
- **Fai in modo che gli obiettivi siano realistici e raggiungibili.**
- **Fai in modo che gli obiettivi siano coerenti con le tue capacità e i tuoi valori.**
- **Scrivi gli obiettivi in modo chiaro e conciso.**

Il processo di definizione degli obiettivi è importante per il successo del processo di coaching. Un obiettivo chiaro e specifico è più probabile che sia raggiunto.

Il modello GROW di J. Whitmore è un modello circolare, in quanto le fasi possono essere attraversate in ordine diverso e possono anche essere riviste nel corso del processo. Questo rende il modello flessibile e adattabile alle esigenze del coachee.

Le quattro fasi del modello GROW sono:

- **Goal:** Definire l'obiettivo.
- **Reality:** Analizzare la situazione attuale.
- **Options:** Generare delle opzioni per raggiungere l'obiettivo.
- **Will:** Sviluppare un piano d'azione e assumersi l'impegno per raggiungerlo.

Ogni fase supportata da domande aperte che aiutano il coachee a riflettere sulla propria situazione e a prendere decisioni informate.

Ecco alcuni esempi di domande che possono essere utilizzate per ciascuna fase:

•Goal:

- Cosa vuoi ottenere?
- Perch importante per te?
- Come puoi misurare il tuo successo?

•Reality:

- Come la tua situazione attuale?
- Quali sono le tue risorse?
- Quali sono le tue sfide?

•Options:

- Quali sono le tue opzioni per raggiungere l'obiettivo?
- Quali sono i pro e i contro di ciascuna opzione?

•Will:

- Qual il tuo piano d'azione?
- Quando inizierai a lavorare sul tuo piano?
- Come monitorerai il tuo progresso?

Il modello GROW un utile strumento per aiutare i coachee a definire e raggiungere i loro obiettivi. un modello flessibile e adattabile che pu essere utilizzato in una variet di contesti.

Per evitare che si formulino obiettivi irrealistici, importante che questi siano specifici, misurabili, auto-determinati ed espressi in positivo.

Specificità : gli obiettivi devono essere specifici, in modo da poter essere chiaramente definiti e misurati. Ad esempio, invece di dire "Voglio essere più produttivo", meglio dire "Voglio aumentare la mia produttività del 20% entro il prossimo trimestre".

Misurabilità : gli obiettivi devono essere misurabili, in modo da poter verificare il progresso e il successo. Ad esempio, invece di dire "Voglio migliorare le mie capacità di comunicazione", meglio dire "Voglio essere in grado di tenere una presentazione di 20 minuti senza esitazioni".

Auto-determinazione: gli obiettivi devono essere auto-determinati, in modo che il coachee sia motivato a raggiungerli. Ad esempio, invece di dire "Il mio manager vuole che io raggiunga questo obiettivo", meglio dire "Voglio raggiungere questo obiettivo perché importante per me".

Positività : gli obiettivi devono essere espressi in positivo, in modo da concentrarsi su ciò che si vuole ottenere, piuttosto che su ciò che si vuole evitare. Ad esempio, invece di dire "Non voglio essere in ritardo per le riunioni", meglio dire "Voglio arrivare alle riunioni in tempo".

Il coach ha un ruolo fondamentale nella formulazione degli obiettivi. Il coach può aiutare il coachee a riflettere sulla sua situazione e a definire obiettivi che siano realistici e raggiungibili. Il coach può anche supportare il coachee nel processo di raggiungimento degli obiettivi, fornendogli feedback e consigli.

La formulazione di obiettivi coerenti con queste caratteristiche permette al coachee di attivarsi e di generare un movimento verso il raggiungimento degli stessi. Il coach può aiutare il coachee a raggiungere i suoi obiettivi, fornendogli supporto, guida e ispirazione.

Il feedback un elemento essenziale del processo di coaching. Il feedback può essere fornito dal coach, da altri coachee o da altre persone che hanno familiarità con il coachee.

Il feedback può avere molteplici effetti positivi, tra cui:

•**Aiuta il coachee a vedere le cose da una nuova prospettiva.** Il feedback può aiutare il coachee a identificare punti di forza e di debolezza che non aveva notato prima.

•**Aiuta il coachee a imparare dagli errori.** Il feedback può aiutare il coachee a capire come migliorare le proprie prestazioni.

•**Aiuta il coachee a sviluppare la fiducia in se stesso.** Il feedback positivo può aiutare il coachee a sentirsi più sicuro delle proprie capacità.

•**Motiva il coachee a continuare a crescere.** Il feedback può aiutare il coachee a vedere il proprio potenziale e a motivarsi a raggiungerlo.

importante che il feedback sia fornito in modo costruttivo e rispettoso. Il feedback dovrebbe essere basato su osservazioni concrete e dovrebbe essere rivolto al comportamento, non alla persona.

Il coach ha un ruolo fondamentale nel fornire feedback efficace. Il coach dovrebbe essere in grado di fornire feedback in modo costruttivo e rispettoso. Il coach dovrebbe anche aiutare il coachee a elaborare il feedback e a utilizzarlo per migliorare le proprie prestazioni.

Ecco alcuni suggerimenti per fornire feedback efficace:

- **Focalizzati sul comportamento, non sulla persona.**
- **Fornisci feedback specifici e concreti.**
- **Offri suggerimenti per migliorare.**
- **Sii costruttivo e rispettoso.**
- **Ascolta il feedback del coachee.**

Il feedback uno strumento potente che pu aiutare il coachee a crescere e a migliorare.

Le caratteristiche che hai elencato sono fondamentali per garantire che il feedback sia efficace.

Specificit : il feedback deve essere specifico, in modo che il coachee possa capire esattamente cosa stato fatto bene o male. Ad esempio, invece di dire "Hai fatto un buon lavoro", meglio dire "Ho apprezzato la tua abilit nel gestire le obiezioni del cliente".

Non personale: il feedback deve essere rivolto al comportamento, non alla persona. Ad esempio, invece di dire "Sei stato arrogante", meglio dire "Il tuo tono di voce stato un po' aggressivo".

Descrittivo: il feedback deve essere descrittivo, in modo che il coachee possa imparare dall'esperienza. Ad esempio, invece di dire "Hai fatto un errore", meglio dire "Hai sbagliato a calcolare il prezzo del prodotto".

Tempestivo e frequente: il feedback deve essere fornito tempestivamente, in modo che il coachee possa ricordare l'azione o il comportamento. Inoltre, dovrebbe essere fornito frequentemente, in modo che il coachee possa imparare e crescere nel tempo.

Intenzionale: il feedback deve essere intenzionale, in modo che sia fornito per aiutare il coachee a migliorare. Ad esempio, invece di dare un feedback generico, il coach dovrebbe concentrarsi su un aspetto specifico che il coachee pu migliorare.

Interattivo: il feedback dovrebbe essere interattivo, in modo che il coachee possa partecipare alla conversazione. Ad esempio, il coach dovrebbe chiedere al coachee cosa ne pensa del feedback e come intende utilizzarlo per migliorare.

Fornendo feedback efficace, il coach pu aiutare il coachee a crescere e migliorare.

Il coach dovrebbe evitare di fornire soluzioni al coachee. Il coach dovrebbe invece aiutare il coachee a trovare le proprie soluzioni.

Il coach pu aiutare il coachee a trovare le proprie soluzioni in diversi modi, tra cui:

•Porre domande aperte e stimolanti. Le domande aperte aiutano il coachee a riflettere sulla situazione e a trovare le proprie risposte.

•Fornire feedback specifico e costruttivo. Il feedback specifico e costruttivo pu aiutare il coachee a identificare le aree in cui pu migliorare.

•Creare un ambiente di supporto e di fiducia. Un ambiente di supporto e di fiducia incoraggia il coachee a essere aperto e a condividere le proprie idee.

Quando il coachee trova le proprie soluzioni, pi probabile che le applichi e che riesca a raggiungere i propri obiettivi.

Il concetto di autodeterminazione e di responsabilizzazione all'azione fondamentale nel coaching. Il coachee deve essere il protagonista del proprio percorso di crescita e sviluppo. Il coach pu aiutare il coachee, ma non pu sostituirsi a lui.

L'aspetto rilevante che il coachee riesca a sviluppare conoscenze e performance e, quindi, a raggiungere i propri obiettivi.

Il coaching un processo di apprendimento finalizzato a aiutare le persone a raggiungere i loro obiettivi e a crescere come individui. Il coaching pu essere utilizzato in diversi contesti, tra cui l'educazione e la formazione.

Le competenze del coach sono simili a quelle dei professionisti che lavorano nell'ambito dell'educazione e della formazione. Queste competenze includono:

•Ascolto attivo: Il coach deve essere in grado di ascoltare attivamente il coachee, prestando attenzione a ci che dice e a come lo dice.

•Elaborazione di feedback personalizzati: Il coach deve essere in grado di fornire feedback personalizzati al coachee, basati sulle sue osservazioni e sul suo giudizio.

•Pianificazione di specifiche strategie di apprendimento: Il coach deve essere in grado di pianificare specifiche strategie di apprendimento per aiutare il coachee a raggiungere i suoi obiettivi.

Queste competenze sono fondamentali per aiutare le persone a imparare e crescere.

In particolare, l'ascolto attivo   fondamentale per creare un rapporto di fiducia tra il coach e il coachee. L'ascolto attivo permette al coach di capire le esigenze e i bisogni del coachee.

L'elaborazione di feedback personalizzati   importante per aiutare il coachee a identificare i suoi punti di forza e di debolezza. Il feedback personalizzato dovrebbe essere basato su osservazioni concrete e dovrebbe essere rivolto al comportamento, non alla persona.

La pianificazione di specifiche strategie di apprendimento   importante per aiutare il coachee a raggiungere i suoi obiettivi. Il coach deve lavorare con il coachee per sviluppare un piano di apprendimento che sia realistico e raggiungibile.

Le competenze del coach sono fondamentali per aiutare le persone a raggiungere i loro obiettivi e a crescere come individui.

Il coaching   un approccio pedagogico che si focalizza sull'individuo e sulla sua crescita personale. Il coaching non si concentra sull'impartire conoscenze o trasferire informazioni, ma riconosce nell'allievo un ruolo attivo nel proprio percorso di sviluppo.

Il coaching   simile alle pedagogie attive, in quanto entrambe pongono l'allievo al centro del processo di apprendimento. Le pedagogie attive si basano sull'idea che l'apprendimento   un processo attivo e costruttivo, in cui l'allievo   protagonista. Il coaching si basa sulla stessa idea, in quanto il coachee   il protagonista del proprio percorso di crescita e sviluppo.

Il coaching pu   essere utilizzato in diversi contesti educativi, tra cui la scuola, l'universit   e la formazione professionale. Il coaching pu   essere utilizzato per aiutare gli studenti a raggiungere i loro obiettivi accademici, personali e professionali.

Ecco alcuni esempi di come il coaching pu   essere utilizzato in ambito educativo:

- **Per aiutare gli studenti a identificare i loro obiettivi e a sviluppare un piano per raggiungerli.**
- **Per aiutare gli studenti a sviluppare le loro competenze e conoscenze.**
- **Per aiutare gli studenti a superare le sfide e gli ostacoli.**
- **Per aiutare gli studenti a crescere come individui.**

Il coaching   uno strumento potente che pu   essere utilizzato per aiutare gli studenti a raggiungere il loro pieno potenziale.

TEORIE

Il coaching   un approccio incentrato sullo sviluppo personale, che si concentra sull'aiutare le persone a raggiungere i loro obiettivi di apprendimento.

Le teorie dell'apprendimento possono essere applicate al coaching per aiutare i coach a comprendere meglio come le persone imparano e a sviluppare strategie di coaching efficaci.

Ecco alcune teorie dell'apprendimento che possono essere applicate al coaching:

•**Teoria dell'apprendimento per scoperta:** Questa teoria sostiene che le persone imparano meglio quando sono attive nel processo di apprendimento. Il coaching pu   essere utilizzato per aiutare le persone a scoprire nuove conoscenze e abilit   attraverso l'esperienza e la riflessione.

•**Teoria dell'apprendimento sociale:** Questa teoria sostiene che le persone imparano osservando e imitando gli altri. Il coaching pu   essere utilizzato per aiutare le persone a imparare da modelli positivi e da feedback costruttivi.

•**Teoria dell'apprendimento costruttivista:** Questa teoria sostiene che le persone costruiscono la propria conoscenza attraverso l'interazione con il mondo che le circonda. Il coaching pu   essere utilizzato per aiutare le persone a costruire la propria conoscenza attraverso la riflessione e la sperimentazione.

La scelta della teoria dell'apprendimento da applicare al coaching dipende dal contesto e dagli obiettivi del coachee.

Il focus sul coachee   fondamentale nel coaching. Il coach deve aiutare il coachee a modellare la conoscenza e a personalizzarla sui propri bisogni, interessi e abilit .

Il coaching   uno strumento potente che pu   aiutare le persone a raggiungere il loro pieno potenziale.

L'apprendimento significativo e l'apprendimento esperienziale sono due teorie dell'apprendimento che possono essere applicate al coaching.

L'apprendimento significativo un processo di apprendimento in cui le nuove informazioni sono collegate alle conoscenze pregresse del learner. Questo processo pi efficace quando il learner motivato ad apprendere e quando le nuove informazioni sono pertinenti ai suoi interessi e bisogni.

L'apprendimento esperienziale un processo di apprendimento che avviene attraverso l'esperienza. Questo processo pi efficace quando il learner coinvolto attivamente nell'esperienza e quando ha l'opportunit di riflettere sulle proprie esperienze.

Nel coaching, l'apprendimento significativo e l'apprendimento esperienziale possono essere utilizzati in combinazione per aiutare il coachee a raggiungere i suoi obiettivi. Il coach pu aiutare il coachee a collegare le nuove informazioni alle sue conoscenze pregresse e a riflettere sulle sue esperienze.

Ecco alcuni esempi di come l'apprendimento significativo e l'apprendimento esperienziale possono essere applicati al coaching:

- **Il coach pu aiutare il coachee a identificare i suoi obiettivi e a sviluppare un piano per raggiungerli.** Questo pu essere fatto utilizzando domande aperte e stimolanti che aiutino il coachee a riflettere sulle sue conoscenze pregresse e a identificare le sue esigenze e i suoi bisogni.

- **Il coach pu aiutare il coachee a sviluppare le sue competenze e conoscenze.** Questo pu essere fatto attraverso attivit pratiche e simulazioni che permettano al coachee di sperimentare nuove cose e di applicare le sue conoscenze in un contesto reale.

- **Il coach pu aiutare il coachee a superare le sfide e gli ostacoli.** Questo pu essere fatto attraverso la riflessione e la discussione, che permettano al coachee di identificare le sue risorse e le sue strategie per affrontare le sfide.

L'apprendimento significativo e l'apprendimento esperienziale sono due teorie dell'apprendimento potenti che possono essere utilizzate per aiutare le persone a raggiungere i loro obiettivi e a crescere come individui.

. L'esperienza un processo fondamentale nell'apprendimento. L'esperienza ci permette di conoscere il mondo e di crescere come individui.

La teoria dell'apprendimento esperienziale di David Kolb un modello che descrive il processo di apprendimento esperienziale. Il modello di Kolb si basa su quattro fasi:

- **Esperienza concreta:** In questa fase, la persona sperimenta qualcosa di nuovo.

- **Osservazione riflessiva:** In questa fase, la persona riflette sull'esperienza che ha vissuto.

•**Concettualizzazione astratta:** In questa fase, la persona sviluppa una comprensione teorica dell'esperienza.

•**Sperimentazione attiva:** In questa fase, la persona applica la comprensione teorica in una nuova situazione.

Il modello di Kolb   un modello ciclico. La persona pu   passare da una fase all'altra pi   volte, fino a quando non ha raggiunto la comprensione dell'esperienza.

Nel coaching, l'apprendimento esperienziale pu   essere utilizzato per aiutare il coachee a raggiungere i suoi obiettivi. Il coach pu   aiutare il coachee a sperimentare nuove cose, a riflettere sulle sue esperienze e ad applicare le sue conoscenze in un contesto reale.

Ecco alcuni esempi di come l'apprendimento esperienziale pu   essere applicato al coaching:

•**Il coach pu   aiutare il coachee a sperimentare nuove competenze o abilit   attraverso attivit   pratiche o simulazioni.**

•**Il coach pu   aiutare il coachee a riflettere sulle sue esperienze attraverso domande aperte e stimolanti.**

•**Il coach pu   aiutare il coachee ad applicare le sue conoscenze in un contesto reale attraverso attivit   di coaching on the job.**

L'apprendimento esperienziale   un metodo efficace per aiutare le persone a raggiungere i loro obiettivi e a crescere come individui.

Le capabilities sono le competenze possedute da un individuo, che gli permettono di agire, fare e essere nel mondo. Queste competenze sono influenzate da fattori individuali, come le capacit , le conoscenze, le abilit e le esperienze, e da fattori ambientali, come le opportunit e le risorse disponibili.

Le competenze pedagogiche sono le competenze possedute da una figura educativa, che le permettono di aiutare un individuo a sviluppare le sue capabilities. Queste competenze includono:

•**L'ascolto attivo:** La capacit di ascoltare con attenzione e comprensione.

•**La comunicazione efficace:** La capacit di comunicare in modo chiaro e conciso.

•**La capacit di costruire relazioni:** La capacit di creare relazioni basate sulla fiducia e sul rispetto.

•**La capacit di guidare il processo di apprendimento:** La capacit di aiutare l'individuo a identificare i suoi obiettivi e a sviluppare un piano per raggiungerli.

Nella relazione professionale tra un professionista e un allievo, le due tipologie di competenze sono interconnesse. Le capabilities dell'allievo sono la base su cui il professionista pu lavorare per aiutarlo a crescere e a sviluppare il suo potenziale. Le competenze pedagogiche del professionista sono gli strumenti che gli permettono di fare questo.

Il professionista deve essere in grado di riconoscere e valorizzare le capabilities dell'allievo. Deve essere in grado di creare un ambiente di apprendimento in cui l'allievo possa sentirsi sicuro e supportato. Deve essere in grado di guidare l'allievo nel processo di apprendimento e di aiutarlo a raggiungere i suoi obiettivi.

La relazione professionale tra un professionista e un allievo una relazione di reciprocit . Il professionista aiuta l'allievo a crescere e a svilupparsi, ma anche l'allievo aiuta il professionista a crescere e a svilupparsi. L'allievo pu offrire al professionista nuove prospettive e nuove idee. Pu aiutare il professionista a imparare e a crescere come persona.

In conclusione, le due tipologie di competenze, capabilities e competenze pedagogiche, sono fondamentali per la relazione professionale tra un professionista e un allievo. Queste competenze sono interconnesse e si supportano a vicenda.

Le competenze intellettuali sono fondamentali per le figure educative. Queste competenze permettono di comprendere e analizzare le informazioni, di risolvere i problemi e di elaborare nuovi pensieri.

Le competenze intellettuali includono:

•La capacit di pensare criticamente: La capacit di valutare le informazioni in modo obiettivo e di identificare i presupposti e le implicazioni dei diversi punti di vista.

•La capacit di risolvere i problemi: La capacit di identificare e risolvere problemi in modo efficace.

•La capacit di elaborare nuovi pensieri: La capacit di generare nuove idee e soluzioni creative.

Queste competenze sono fondamentali per le figure educative, in quanto permettono di:

•Comprendere le esigenze dell'individuo e progettare interventi educativi efficaci.

•Creare un ambiente di apprendimento sicuro e inclusivo.

•Sostenere l'individuo nel suo processo di apprendimento e crescita.

La competenza intellettuale alla base di tutte le altre competenze pedagogiche. Una figura educativa che non in grado di pensare criticamente, risolvere i problemi e elaborare nuovi pensieri, sar meno in grado di comprendere le esigenze dell'individuo, creare un ambiente di apprendimento sicuro e inclusivo e sostenere l'individuo nel suo processo di apprendimento e crescita.

In particolare, la competenza intellettuale   importante per le figure educative per i seguenti motivi:

•Permette di comprendere le esigenze dell'individuo in modo completo e approfondito. La capacit di pensare criticamente permette di valutare le informazioni in modo obiettivo e di identificare i bisogni e le potenzialit dell'individuo.

•Permette di progettare interventi educativi efficaci. La capacit di risolvere i problemi permette di identificare le strategie educative pi appropriate per raggiungere gli obiettivi di apprendimento.

•Permette di creare un ambiente di apprendimento sicuro e inclusivo. La capacit di elaborare nuovi pensieri permette di comprendere e valorizzare la diversit e di creare un ambiente di apprendimento che sia accogliente e stimolante per tutti gli individui.

•Permette di sostenere l'individuo nel suo processo di apprendimento e crescita. La capacit di pensare criticamente permette di guidare l'individuo nel suo processo di apprendimento e di aiutarlo a sviluppare le proprie competenze e conoscenze.

La competenza comunicativa   fondamentale per le figure educative. Questa competenza permette di interagire in modo efficace con gli altri, sia verbalmente che non verbalmente.

La competenza comunicativa include:

- **La capacit di comunicare in modo chiaro e conciso:** La capacit di esprimere le proprie idee e pensieri in modo comprensibile e appropriato.

- **La capacit di ascoltare attivamente:** La capacit di prestare attenzione a ci che gli altri dicono e di comprendere il loro punto di vista.

- **La capacit di costruire relazioni:** La capacit di creare e mantenere relazioni positive con gli altri.

Queste competenze sono fondamentali per le figure educative, in quanto permettono di:

- **Creare un ambiente di apprendimento sicuro e inclusivo.** La capacit di comunicare in modo efficace permette di creare un ambiente in cui tutti gli individui si sentano a proprio agio e apprezzati.

- **Sostenere l'individuo nel suo processo di apprendimento e crescita.** La capacit di ascoltare attivamente permette di comprendere le esigenze dell'individuo e di fornire un supporto adeguato.

- **Imparare dagli altri.** La capacit di costruire relazioni permette di imparare dagli altri e di arricchire le proprie conoscenze e competenze.

In particolare, la competenza comunicativa importante per le figure educative per i seguenti motivi:

- **Permette di costruire relazioni positive con gli allievi.** La capacit di comunicare in modo efficace permette di creare un rapporto di fiducia e rispetto con gli allievi.

- **Permette di trasmettere le conoscenze e le competenze agli allievi.** La capacit di comunicare in modo chiaro e conciso permette di trasmettere le informazioni in modo efficace agli allievi.

- **Permette di motivare gli allievi.** La capacit di ascoltare attivamente e di costruire relazioni permette di motivare gli allievi e di incoraggiarli a imparare.

Ecco alcuni suggerimenti per migliorare la competenza comunicativa:

- **Praticare la comunicazione in modo regolare.** Pi si pratica, pi si migliora.

- **Fare attenzione al linguaggio verbale e non verbale.** Il linguaggio non verbale pu comunicare molto pi del linguaggio verbale.

- **Essere aperti al feedback.** Il feedback pu aiutare a identificare le aree di miglioramento.

- **Imparare da altri comunicatori efficaci.** Osservare come comunicano gli altri pu essere un'ottima fonte di ispirazione.

- La competenza gestuale un aspetto importante della comunicazione non verbale. I gesti possono essere utilizzati per trasmettere una vasta gamma di informazioni, tra cui emozioni, stati d'animo e intenzioni.

La competenza gestuale include:

- **La capacit di utilizzare i gesti in modo consapevole e intenzionale.**
- **La capacit di comprendere il significato dei gesti degli altri.**
- **La capacit di utilizzare i gesti in modo coerente con la comunicazione verbale.**

Queste competenze sono fondamentali per le figure educative, in quanto permettono di:

- **Creare un ambiente di apprendimento sicuro e inclusivo.** I gesti possono essere utilizzati per trasmettere un senso di calore, empatia e sostegno.
- **Sostenere l'individuo nel suo processo di apprendimento e crescita.** I gesti possono essere utilizzati per motivare, incoraggiare e guidare l'individuo.
- **Imparare dagli altri.** I gesti possono essere utilizzati per comprendere meglio le emozioni e le intenzioni degli altri.

In particolare, la competenza gestuale   importante per le figure educative per i seguenti motivi:

•Permette di trasmettere le conoscenze e le competenze agli allievi in modo pi   efficace. I gesti possono essere utilizzati per rendere la comunicazione pi coinvolgente e memorabile.

•Permette di creare relazioni positive con gli allievi. I gesti possono essere utilizzati per mostrare interesse, rispetto e attenzione agli allievi.

•Permette di motivare gli allievi. I gesti possono essere utilizzati per creare un senso di entusiasmo e coinvolgimento negli allievi.

Ecco alcuni suggerimenti per migliorare la competenza gestuale:

•Praticare la comunicazione non verbale in modo regolare. Pi si pratica, pi si migliora.

•Fare attenzione al linguaggio non verbale degli altri. Osservare come comunicano gli altri pu essere un'ottima fonte di ispirazione.

•Essere aperti al feedback. Il feedback pu aiutare a identificare le aree di miglioramento.

Ecco alcuni esempi di gesti che possono essere utilizzati dalle figure educative:

•Gesti di apertura e inclusione: Per creare un senso di calore e accoglienza.

•Gesti di attenzione e rispetto: Per mostrare interesse e attenzione agli allievi.

•Gesti di incoraggiamento e motivazione: Per sostenere gli allievi nel loro processo di apprendimento e crescita.

•Gesti di guida e sostegno: Per aiutare gli allievi a raggiungere i loro obiettivi.

Utilizzando in modo consapevole e appropriato la competenza gestuale, le figure educative possono migliorare la propria comunicazione e creare un ambiente di apprendimento pi efficace e coinvolgente.

- L'osservazione e l'auto-osservazione sono competenze fondamentali per le figure educative. Queste competenze permettono di comprendere meglio l'individuo e la sua situazione, e di sviluppare interventi educativi pi efficaci.

L'osservazione   il processo di raccolta di informazioni su un individuo o su un gruppo di individui. L'osservazione pu essere condotta in modo sistematico o casuale, e pu essere diretta o indiretta.

L'auto-osservazione   il processo di riflessione sui propri pensieri, emozioni e comportamenti. L'auto-osservazione pu essere utilizzata per migliorare la propria comprensione di s e degli altri.

Queste competenze sono importanti per le figure educative per i seguenti motivi:

- **Permette di comprendere le esigenze dell'individuo in modo completo e approfondito.** L'osservazione pu essere utilizzata per raccogliere informazioni sul comportamento, sulle emozioni e sulle relazioni dell'individuo.

- **Permette di identificare i bisogni educativi dell'individuo.** L'osservazione pu essere utilizzata per identificare le aree in cui l'individuo ha bisogno di supporto o di intervento.

- **Permette di sviluppare interventi educativi pi efficaci.** L'osservazione pu essere utilizzata per valutare l'efficacia degli interventi educativi e per apportare le modifiche necessarie.

L'auto-osservazione importante per le figure educative per i seguenti motivi:

- **Permette di identificare i propri pregiudizi e stereotipi.** I pregiudizi e gli stereotipi possono influenzare la nostra percezione degli altri e possono ostacolare la nostra capacit di comprendere e aiutare gli altri.

- **Permette di sviluppare una relazione pi autentica con gli allievi.** Quando siamo consapevoli dei nostri pensieri, emozioni e comportamenti, possiamo creare una relazione pi autentica e rispettosa con gli allievi.

- **Permette di migliorare la nostra pratica educativa.** L'auto-osservazione pu essere utilizzata per identificare le aree in cui possiamo migliorare la nostra pratica educativa.

Ecco alcuni suggerimenti per migliorare le competenze di osservazione e auto-osservazione:

- **Praticare l'osservazione in modo regolare.** Pi si pratica, pi si migliora.

- **Utilizzare diversi strumenti di osservazione.** Esistono numerosi strumenti di osservazione che possono essere utilizzati per raccogliere informazioni diverse.

- **Essere aperti al feedback.** Il feedback pu aiutare a identificare le aree di miglioramento.

L'osservazione e l'auto-osservazione sono competenze che possono essere sviluppate e migliorate con la pratica. Le figure educative che sviluppano queste competenze saranno in grado di comprendere meglio gli individui e le loro situazioni, e di sviluppare interventi educativi pi efficaci.

- La programmazione, la progettazione e la pianificazione sono competenze fondamentali per le figure educative. Queste competenze permettono di organizzare e coordinare le attivit educative in modo efficace.

La programmazione il processo di definizione degli obiettivi e delle attivit da svolgere per raggiungerli. La programmazione importante per le figure educative per i seguenti motivi:

- **Permette di definire gli obiettivi educativi.** Gli obiettivi educativi sono le mete da raggiungere con l'intervento educativo.

- **Permette di identificare le attivit da svolgere per raggiungere gli obiettivi.** Le attivit educative sono le azioni che si devono svolgere per raggiungere gli obiettivi educativi.

•Permette di coordinare le attivit educative. La programmazione permette di assicurarsi che le attivit educative siano coerenti tra loro e che siano in linea con gli obiettivi educativi.

La progettazione il processo di sviluppo di un piano per raggiungere gli obiettivi educativi. La progettazione importante per le figure educative per i seguenti motivi:

•Permette di concretizzare gli obiettivi educativi. La progettazione permette di trasformare gli obiettivi educativi in azioni concrete.

•Permette di identificare le risorse necessarie per raggiungere gli obiettivi. La progettazione permette di identificare le risorse, sia materiali che umane, necessarie per raggiungere gli obiettivi educativi.

•Permette di valutare l'efficacia dell'intervento educativo. La progettazione permette di identificare i criteri per valutare l'efficacia dell'intervento educativo.

La pianificazione il processo di organizzazione delle attivit educative nel tempo. La pianificazione importante per le figure educative per i seguenti motivi:

•Permette di garantire la continuit dell'intervento educativo. La pianificazione permette di assicurarsi che l'intervento educativo sia coerente nel tempo.

•Permette di coordinare le attivit educative con altri interventi. La pianificazione permette di coordinare le attivit educative con altri interventi, come interventi di carattere sociale o sanitario.

•Permette di adattare l'intervento educativo alle esigenze degli individui. La pianificazione permette di adattare l'intervento educativo alle esigenze degli individui e alle circostanze.

Le competenze di programmazione, progettazione e pianificazione possono essere sviluppate e migliorate con la pratica. Le figure educative che sviluppano queste competenze saranno in grado di organizzare e coordinare le attivit educative in modo efficace, garantendo cos il successo dell'intervento educativo.

Ecco alcuni suggerimenti per migliorare le competenze di programmazione, progettazione e pianificazione:

•Praticare la programmazione, la progettazione e la pianificazione in modo regolare. Pi si pratica, pi si migliora.

•Utilizzare diversi strumenti e metodi di programmazione, progettazione e pianificazione. Esistono numerosi strumenti e metodi che possono essere utilizzati per migliorare queste competenze.

•Essere aperti al feedback. Il feedback pu aiutare a identificare le aree di miglioramento.

- L'individuazione dei bisogni una competenza fondamentale per le figure educative. Questa competenza permette di comprendere le esigenze dell'individuo e di sviluppare interventi educativi pi efficaci.

L'individuazione dei bisogni il processo di raccolta di informazioni sui bisogni dell'individuo. I bisogni possono essere espliciti, ovvero riconosciuti e dichiarati dall'individuo, o impliciti, ovvero non riconosciuti o non dichiarati dall'individuo.

L'individuazione dei bisogni importante per le figure educative per i seguenti motivi:

•**Permette di comprendere le esigenze dell'individuo in modo completo e approfondito.** L'individuazione dei bisogni permette di raccogliere informazioni sul comportamento, sulle emozioni e sulle relazioni dell'individuo.

•**Permette di identificare i bisogni educativi dell'individuo.** L'individuazione dei bisogni permette di identificare le aree in cui l'individuo ha bisogno di supporto o di intervento.

•**Permette di sviluppare interventi educativi pi efficaci.** L'individuazione dei bisogni permette di sviluppare interventi educativi che rispondano alle esigenze specifiche dell'individuo.

L'individuazione dei bisogni pu essere effettuata attraverso una serie di strategie, tra cui:

•**L'osservazione:** L'osservazione il processo di raccolta di informazioni su un individuo o su un gruppo di individui. L'osservazione pu essere condotta in modo sistematico o casuale, e pu essere diretta o indiretta.

•**L'intervista:** L'intervista un colloquio strutturato o semistrutturato che viene condotto con l'individuo o con le persone che lo conoscono bene.

•**Il questionario:** Il questionario uno strumento che viene somministrato all'individuo o alle persone che lo conoscono bene.

•**Il test psicologico:** Il test psicologico uno strumento che viene utilizzato per misurare le abilit , le competenze e le caratteristiche psicologiche dell'individuo.

L'individuazione dei bisogni un processo continuo e dinamico. Le esigenze dell'individuo possono cambiare nel tempo, quindi importante monitorare i bisogni dell'individuo e adattare gli interventi educativi di conseguenza.

Ecco alcuni suggerimenti per migliorare le competenze di individuazione dei bisogni:

•**Praticare l'individuazione dei bisogni in modo regolare.** Pi si pratica, pi si migliora.

•**Utilizzare diversi strumenti e metodi di individuazione dei bisogni.** Esistono numerosi strumenti e metodi che possono essere utilizzati per migliorare questa competenza.

•**Essere aperti al feedback.** Il feedback pu aiutare a identificare le aree di miglioramento.

• La definizione degli obiettivi una competenza fondamentale per le figure educative. Questa competenza permette di orientare l'intervento educativo e di valutarne l'efficacia.

Gli obiettivi educativi sono le mete da raggiungere con l'intervento educativo. Gli obiettivi educativi devono possedere le seguenti caratteristiche:

- **Chiarezza e concretezza:** Gli obiettivi educativi devono essere chiari e concreti, in modo che siano comprensibili e misurabili.

- **Coerenza con la realt :** Gli obiettivi educativi devono essere coerenti con la realt , in modo che siano realistici e raggiungibili.

- **Considerazione delle caratteristiche della persona:** Gli obiettivi educativi devono considerare le caratteristiche della persona, in modo che siano personalizzati e rispondenti ai suoi bisogni.

- **Espressione in positivo:** Gli obiettivi educativi devono essere espressi in positivo, in modo che siano motivanti e stimolanti.

- **Verificabilit e misurabilit :** Gli obiettivi educativi devono essere verificabili e misurabili, in modo che sia possibile valutarne l'efficacia.

- **Coinvolgimento delle responsabilit della persona:** Gli obiettivi educativi devono coinvolgere le responsabilit della persona, in modo che sia attivo e partecipe al proprio processo di crescita.

- **Ecosistemicit :** Gli obiettivi educativi devono essere ecosistemici, in modo che siano in armonia con tutte le altre sfere che riguardano l'esistenza dell'individuo.

Gli obiettivi educativi possono essere espressi a lungo termine o a breve termine. Gli obiettivi a lungo termine sono pi generici e si riferiscono a cambiamenti che si vogliono ottenere nel tempo. Gli obiettivi a breve termine sono pi specifici e circoscritti nel tempo, e sono necessari per raggiungere gli obiettivi a lungo termine.

La definizione degli obiettivi educativi un processo continuo e dinamico. Gli obiettivi educativi possono essere modificati in base alle esigenze dell'individuo e alla valutazione dell'intervento educativo.

Ecco alcuni suggerimenti per migliorare le competenze di definizione degli obiettivi:

- **Collaborare con l'individuo per definire gli obiettivi educativi.** In questo modo, gli obiettivi educativi saranno pi realistici e motivanti per l'individuo.

- **Utilizzare un linguaggio chiaro e semplice.** Gli obiettivi educativi devono essere comprensibili per l'individuo e per le persone che lo conoscono bene.

- **Scrivere gli obiettivi educativi in modo chiaro e conciso.** Questo render pi facile la verifica e la misurazione degli obiettivi educativi.

- **Valutare gli obiettivi educativi in modo continuo.** Questo permetter di identificare eventuali modifiche da apportare agli obiettivi educativi.

- L'individuazione delle risorse una competenza fondamentale per le figure educative. Questa competenza permette di realizzare l'intervento educativo in modo efficace.

Le risorse sono le cose che sono necessarie per realizzare l'intervento educativo. Le risorse possono essere fisiche, come strumenti, materiali e spazi, o umane, come figure professionali, competenze e conoscenze.

L'individuazione delle risorse importante per le figure educative per i seguenti motivi:

•**Permette di realizzare l'intervento educativo in modo efficace.** Le risorse giuste possono facilitare il raggiungimento degli obiettivi educativi.

•**Permette di risparmiare tempo e denaro.** L'utilizzo di risorse efficienti pu aiutare a ridurre i costi dell'intervento educativo.

•**Permette di collaborare con altri professionisti.** L'individuazione di altre figure professionali pu arricchire l'intervento educativo e renderlo pi efficace.

L'individuazione delle risorse pu essere effettuata attraverso una serie di strategie, tra cui:

•**L'analisi del contesto:** L'analisi del contesto permette di identificare le risorse disponibili nel contesto in cui si realizza l'intervento educativo.

•**La collaborazione con altri professionisti:** La collaborazione con altri professionisti pu aiutare a identificare risorse che non sono disponibili direttamente.

•**La ricerca di finanziamenti:** La ricerca di finanziamenti pu aiutare a ottenere le risorse necessarie per realizzare l'intervento educativo.

L'individuazione delle risorse un processo continuo e dinamico. Le risorse possono cambiare nel tempo, quindi importante monitorare le risorse disponibili e adattare l'intervento educativo di conseguenza.

Ecco alcuni suggerimenti per migliorare le competenze di individuazione delle risorse:

- **Fare un'analisi approfondita del contesto in cui si realizza l'intervento educativo.**
- **Collaborare con altri professionisti.**
- **Ricercare finanziamenti.**
- **Essere flessibili e adattabili.**

Inoltre, importante identificare anche i limiti della persona o dell'ambiente in cui si realizza l'intervento. I limiti possono essere fisici, come condizioni di salute o di handicap, o psicologici, come sfiducia o scarsa motivazione.

Identificare i limiti importante per i seguenti motivi:

- **Permette di progettare interventi educativi pi realistici e sostenibili.**
- **Permette di sviluppare strategie per superare i limiti.**
- **Permette di valutare l'efficacia dell'intervento educativo in modo pi accurato.**

Ecco alcuni suggerimenti per identificare i limiti:

- **Condurre un colloquio con la persona o le persone coinvolte nell'intervento educativo.**
- **Osservare la persona o le persone coinvolte nell'intervento educativo.**
- **Valutare la documentazione disponibile.**

- La realizzazione dell'intervento educativo e il lavoro di rete sono competenze fondamentali per le figure educative. Queste competenze permettono di attuare l'intervento educativo in modo efficace e di collaborare con altri professionisti.

La realizzazione dell'intervento educativo il processo di messa in atto delle attivit previste dal progetto educativo. La realizzazione dell'intervento educativo importante per i seguenti motivi:

- **Permette di raggiungere gli obiettivi educativi.** La realizzazione delle attivit previste dal progetto educativo necessaria per raggiungere gli obiettivi educativi.

- **Permette di valutare l'efficacia dell'intervento educativo.** La valutazione dell'efficacia dell'intervento educativo pu essere effettuata solo se l'intervento educativo stato realizzato in modo completo e coerente con il progetto educativo.

•Permette di migliorare l'intervento educativo. La valutazione dell'intervento educativo pu essere utilizzata per identificare eventuali aree di miglioramento.

Il lavoro di rete il processo di collaborazione con altri professionisti per raggiungere un obiettivo comune. Il lavoro di rete importante per i seguenti motivi:

•Permette di ampliare le competenze e le risorse disponibili. La collaborazione con altri professionisti pu aiutare a realizzare interventi educativi pi efficaci e completi.

•Permette di migliorare la qualit dell'intervento educativo. La collaborazione con altri professionisti pu aiutare a garantire che l'intervento educativo sia rispondente alle esigenze dell'individuo.

•Permette di promuovere la condivisione di conoscenze e competenze. La collaborazione con altri professionisti pu aiutare a diffondere buone pratiche e a promuovere la crescita professionale.

Ecco alcuni suggerimenti per migliorare le competenze di realizzazione dell'intervento educativo e di lavoro di rete:

•Essere flessibili e adattabili. Le situazioni possono cambiare nel corso dell'intervento educativo, quindi importante essere flessibili e adattabili.

•Essere proattivi. Non aspettare che le cose accadano, ma essere proattivi e prendere l'iniziativa.

•Essere collaborativi. Lavorare insieme con gli altri professionisti per raggiungere un obiettivo comune.

•Essere creativi. Non aver paura di sperimentare nuove idee e soluzioni.

Nel corso della realizzazione dell'intervento educativo importante mantenere un'osservazione e auto-osservazione attive. L'osservazione e l'auto-osservazione permettono di raccogliere informazioni utili per valutare l'efficacia dell'intervento educativo e per individuare eventuali fragilit del progetto, del contesto o della persona destinataria.

Inoltre, importante gestire le relazioni con altri professionisti coinvolti. Le relazioni con altri professionisti sono importanti per garantire la collaborazione e la condivisione di informazioni.

Infine, importante individuare eventuali fragilit del progetto, del contesto o della persona destinataria. L'individuazione delle fragilit permette di intervenire in modo preventivo e di evitare che si verifichino problemi.

- La verifica e la valutazione sono competenze fondamentali per le figure educative. Queste competenze permettono di valutare l'efficacia dell'intervento educativo e di apportare le modifiche necessarie per migliorare.

La verifica il processo di raccolta di informazioni sull'attuazione dell'intervento educativo. La verifica importante per i seguenti motivi:

•**Permette di identificare eventuali problemi o difficolt** . La verifica delle attivit svolte pu aiutare a identificare eventuali problemi o difficolt che possono ostacolare il raggiungimento degli obiettivi educativi.

•**Permette di apportare modifiche all'intervento educativo.** La verifica pu essere utilizzata per apportare modifiche all'intervento educativo in modo da migliorarne l'efficacia.

La valutazione il processo di giudizio sull'efficacia dell'intervento educativo. La valutazione importante per i seguenti motivi:

•**Permette di stabilire se gli obiettivi educativi sono stati raggiunti.** La valutazione degli obiettivi educativi permette di stabilire se l'intervento educativo stato efficace.

•**Permette di identificare le aree di miglioramento.** La valutazione pu essere utilizzata per identificare le aree di miglioramento dell'intervento educativo.

La verifica e la valutazione possono essere effettuate attraverso una serie di strategie, tra cui:

•**L'osservazione:** L'osservazione il processo di raccolta di informazioni sull'intervento educativo attraverso l'osservazione diretta.

•**L'intervista:** L'intervista un colloquio strutturato o semistrutturato che viene condotto con le persone coinvolte nell'intervento educativo.

•**Il questionario:** Il questionario uno strumento che viene somministrato alle persone coinvolte nell'intervento educativo.

•**La raccolta di dati oggettivi:** La raccolta di dati oggettivi, come voti, test o prestazioni, pu essere utilizzata per valutare l'efficacia dell'intervento educativo.

La verifica e la valutazione devono essere basate su indicatori e descrittori precedentemente individuati. Gli indicatori e i descrittori sono strumenti che permettono di misurare l'efficacia dell'intervento educativo.

Ecco alcuni suggerimenti per migliorare le competenze di verifica e valutazione:

•**Definire indicatori e descrittori chiari e misurabili.** Gli indicatori e i descrittori devono essere chiari e misurabili in modo da facilitare la verifica e la valutazione dell'intervento educativo.

•**Utilizzare una variet di strategie di verifica e valutazione.** L'utilizzo di una variet di strategie di verifica e valutazione permette di ottenere informazioni pi complete e accurate.

•**Essere obiettivi e imparziali.** La verifica e la valutazione devono essere effettuate in modo obiettivo e imparziale in modo da garantire la validit dei risultati.

La verifica e la valutazione sono processi continui e dinamici.

Gli interventi educativi possono essere modificati nel tempo, quindi è importante verificare e valutare l'efficacia dell'intervento educativo in modo continuo.

- Prendere in carico è un processo complesso e articolato che richiede tempo, impegno e dedizione.

Prendere in carico significa assumersi la responsabilità di un'altra persona, di aiutarla a crescere e a svilupparsi. Prendere in carico è un processo relazionale, che si basa sulla costruzione di un rapporto di fiducia e di rispetto reciproco.

La cura è intesa come "to care", ovvero come un processo di attenzione e di premura nei confronti dell'altra persona. La cura non è solo un intervento farmacologico o terapeutico, ma è anche un processo relazionale che coinvolge la persona che prende in carico e la persona che viene presa in carico.

Il movimento interiore è un processo di cambiamento che avviene sia nella persona che prende in carico che nella persona che viene presa in carico. Il movimento interiore è un processo di crescita e di sviluppo che permette alle due persone di evolversi e di migliorare.

Ecco alcuni aspetti importanti del processo di prendere in carico:

- **La relazione:** Il processo di prendere in carico si basa sulla costruzione di una relazione di fiducia e di rispetto reciproco. La relazione è fondamentale per creare un clima di apertura e di accoglienza, in cui la persona che viene presa in carico si senta a proprio agio e possa esprimere sé stessa liberamente.

- **La conoscenza:** Il processo di prendere in carico richiede la conoscenza della persona che viene presa in carico. La conoscenza permette di comprendere le esigenze e le difficoltà della persona, e di sviluppare un intervento educativo personalizzato.

- **L'ascolto:** L'ascolto è un'abilità fondamentale per il processo di prendere in carico. L'ascolto permette di comprendere le emozioni e i pensieri della persona, e di creare un clima di empatia e di sostegno.

- **La comunicazione:** La comunicazione è un'abilità fondamentale per il processo di prendere in carico. La comunicazione permette di condividere informazioni e idee, e di costruire una relazione di fiducia e di collaborazione.

- **L'accettazione:** L'accettazione è un'abilità fondamentale per il processo di prendere in carico. L'accettazione permette di riconoscere la persona per ciò che è, con i suoi pregi e i suoi difetti.

- **La speranza:** La speranza è un'abilità fondamentale per il processo di prendere in carico. La speranza permette di credere nel cambiamento e di dare alla persona la forza di andare avanti.

Prendere in carico è un processo complesso e articolato, ma è anche un processo gratificante che permette di aiutare le persone a crescere e a svilupparsi.

- Le competenze pedagogiche sono strettamente legate al riconoscimento di potenzialità e vulnerabilità proprie e altrui.

Le potenzialit sono le risorse e le capacit che una persona ha a disposizione per crescere e svilupparsi. Le vulnerabilit sono le fragilit e le difficolt che una persona pu incontrare nel suo percorso di crescita.

Il riconoscimento di potenzialit e vulnerabilit proprie e altrui importante per i seguenti motivi:

- **Permette di comprendere le esigenze e le difficolt della persona.**
- **Permette di sviluppare interventi educativi personalizzati.**
- **Permette di promuovere la crescita e lo sviluppo della persona.**

L'eterogeneit e la complessit sociale sono caratteristiche intrinseche della societ. Le persone sono diverse tra loro per et, genere, cultura, abilit e contesto di vita. La societ complessa e in continua evoluzione.

La capacit di riconoscere e gestire l'eterogeneit e la complessit sociale importante per i seguenti motivi:

- **Permette di comprendere le diverse esigenze delle persone.**
- **Permette di sviluppare interventi educativi efficaci in contesti diversi.**
- **Permette di promuovere l'inclusione e la partecipazione di tutti.**

Per fare in modo che questo sia possibile importante ricorrere agli strumenti adeguati e alla relazione con altri professionisti.

Gli strumenti adeguati sono quelli che permettono di raccogliere informazioni e di valutare le situazioni. Gli strumenti possono essere di tipo formale, come test e questionari, o di tipo informale, come l'osservazione e l'intervista.

La relazione con altri professionisti importante per condividere conoscenze e competenze, e per sviluppare interventi educativi pi efficaci.

In conclusione, le competenze pedagogiche sono fondamentali per aiutare le persone a crescere e a svilupparsi. Queste competenze si basano sul riconoscimento di potenzialit e vulnerabilit proprie e altrui, sulla capacit di riconoscere e gestire l'eterogeneit e la

complessit sociale, e sull'utilizzo di strumenti adeguati e sulla relazione con altri professionisti.

- Il coaching e le competenze pedagogiche sono due discipline che condividono numerosi aspetti e strumenti, ma che si concentrano su aspetti diversi.

Il coaching si concentra sull'individuo e sul suo sviluppo personale. Il coaching aiuta le persone a raggiungere i loro obiettivi, a migliorare le loro performance e a sviluppare le loro potenzialit .

Le competenze pedagogiche si concentrano sull'apprendimento degli studenti in contesto educativo. Le competenze pedagogiche aiutano gli insegnanti a progettare, realizzare e valutare interventi educativi efficaci.

L'unione di queste due discipline pu generare diversi vantaggi, come:

- **Favorire e facilitare il processo di apprendimento:** Il coaching pu aiutare gli studenti a identificare i loro obiettivi di apprendimento, a sviluppare strategie di apprendimento efficaci e a superare gli ostacoli che possono incontrare nel loro percorso di apprendimento.

- **Stimolare la motivazione nell'apprendimento:** Il coaching pu aiutare gli studenti a sviluppare un atteggiamento positivo nei confronti dell'apprendimento e a credere nelle proprie capacit .

Ecco alcuni esempi di come l'unione di coaching e competenze pedagogiche pu essere applicata in ambito educativo:

- **Un insegnante di matematica pu utilizzare il coaching per aiutare uno studente a superare le difficolt in questa materia.**

- **Un tutor pu utilizzare il coaching per aiutare un alunno a prepararsi per un esame.**

- **Un counselor scolastico pu utilizzare il coaching per aiutare un adolescente a superare un momento difficile.**

In conclusione, l'unione di coaching e competenze

pedagogiche pu essere un'opportunit per migliorare l'efficacia dell'apprendimento.

La creazione di un ambiente di apprendimento positivo fondamentale per stimolare e sostenere le dinamiche di apprendimento.

Un ambiente di apprendimento positivo un ambiente in cui gli allievi si sentono a proprio agio e in cui sono motivati a imparare. Questo ambiente caratterizzato da:

•**Un clima accogliente e di sostegno:** gli allievi si sentono accolti e supportati dagli insegnanti e dai compagni di classe.

•**Relazioni di fiducia e rispetto reciproco:** gli allievi si sentono rispettati dagli insegnanti e dai compagni di classe.

•**Tecniche basate sulla motivazione e l'engagement:** gli allievi sono motivati a imparare e a partecipare alle attivit .

Ecco alcune strategie e strumenti che possono essere utilizzati per creare un ambiente di apprendimento positivo:

•**Favorire la partecipazione attiva degli allievi:** gli allievi dovrebbero essere coinvolti attivamente nelle attivit di apprendimento.

•**Fornire feedback positivo e costruttivo:** gli allievi dovrebbero ricevere feedback positivo e costruttivo sul loro lavoro.

•**Creare un clima di collaborazione:** gli allievi dovrebbero essere incoraggiati a collaborare tra loro.

•**Riconoscere i risultati degli allievi:** gli allievi dovrebbero essere riconosciuti per i loro risultati.

La creazione di un ambiente di apprendimento positivo un processo continuo e dinamico. importante monitorare costantemente l'ambiente di apprendimento e apportare modifiche quando necessario.

Il ruolo del professionista di incoraggiare l'allievo nella definizione di obiettivi personalizzati e di fornire feedback regolari e focalizzati.

L'incoraggiamento nella definizione di obiettivi personalizzati
 importante per aiutare l'allievo a identificare i propri obiettivi di apprendimento e a sviluppare un senso di ownership del proprio percorso di apprendimento.

Il feedback regolari e focalizzati importante per aiutare l'allievo a monitorare i propri progressi, a identificare le aree di miglioramento e a sviluppare strategie di apprendimento efficaci.

Il feedback deve essere:

•**Regolare:** l'allievo dovrebbe ricevere feedback su base regolare, in modo da poterlo utilizzare per apportare modifiche al proprio percorso di apprendimento.

•**Focalizzato:** il feedback dovrebbe essere focalizzato su aree specifiche di apprendimento, in modo da essere utile all'allievo.

•**Informativo:** il feedback dovrebbe fornire informazioni utili all'allievo, in modo da aiutarlo a migliorare.

•**Costruttivo:** il feedback dovrebbe essere costruttivo, in modo da aiutare l'allievo a sviluppare le proprie capacit .

Ecco alcuni esempi di come il professionista pu fornire feedback:

•**Parla con l'allievo dei suoi progressi.**

•**Fornisci all'allievo un feedback scritto o verbale sul suo lavoro.**

•**Identifica le aree di miglioramento dell'allievo.**

•**Aiuta l'allievo a sviluppare strategie di apprendimento efficaci.**

Il feedback un'attivit fondamentale per l'apprendimento. Fornendo feedback regolari e focalizzati, il professionista pu aiutare l'allievo a progredire nel suo percorso di apprendimento e a sviluppare conoscenze, performance e prodotti.

La personalizzazione dell'intervento e l'utilizzo di strategie di insegnamento diversificate ed efficaci sono due aspetti fondamentali per l'apprendimento.

La personalizzazione dell'intervento importante per garantire che l'intervento sia adeguato ai bisogni e alle preferenze dell'allievo. Questo significa considerare le fragilit e le potenzialit individuali dell'allievo, in modo da evitare situazioni che possono essere fonte di frustrazione e di stimolare la creativit dell'allievo.

L'utilizzo di strategie di insegnamento diversificate ed efficaci importante per garantire che l'intervento sia efficace. Questo significa utilizzare una variet di strumenti e strategie, in modo da trovare quelli che sono pi efficaci per l'allievo.

Ecco alcuni esempi di strategie di insegnamento diversificate ed efficaci:

•**Le metafore:** le metafore possono essere utilizzate per aiutare gli allievi a comprendere concetti complessi in modo pi semplice.

•**Le domande efficaci:** le domande efficaci possono aiutare gli allievi a pensare criticamente e a costruire conoscenze.

•**Gli esempi concreti:** gli esempi concreti possono aiutare gli allievi a comprendere concetti astratti.

•**Specifiche modalit di presentazione delle informazioni:** alcune persone imparano meglio in modo visivo, altre in modo auditivo e altre in modo cinestesico.   importante utilizzare modalit di presentazione delle informazioni che siano adatte allo stile di apprendimento dell'allievo.

La presenza di modalit variegate e l'interscambio delle due discipline favoriscono l'individuazione di strumenti maggiormente adeguati al destinatario del percorso di apprendimento. Questo perch il coaching pu aiutare gli insegnanti a comprendere meglio le esigenze degli allievi, e le competenze pedagogiche possono aiutare i coach a progettare interventi educativi efficaci.

In conclusione, la personalizzazione dell'intervento e l'utilizzo di strategie di insegnamento diversificate ed efficaci sono due aspetti fondamentali per garantire che l'apprendimento sia efficace e significativo.

L'interazione delle competenze del coaching e delle competenze pedagogiche pu portare a un approccio integrato e completo per l'apprendimento degli studenti e dei clienti.

L'approccio integrato importante perch permette di considerare sia le esigenze individuali dell'allievo che le esigenze del contesto in cui l'apprendimento avviene.

Il coaching si concentra sulla crescita e lo sviluppo personale dell'individuo. Il coaching aiuta l'allievo a identificare i propri obiettivi di apprendimento, a sviluppare strategie di apprendimento efficaci e a superare gli ostacoli che possono incontrare nel loro percorso di apprendimento.

La pedagogia si concentra sulla progettazione e l'implementazione di processi di apprendimento efficaci. La pedagogia aiuta il professionista a creare un ambiente di apprendimento positivo, a fornire feedback regolari e focalizzati e a utilizzare strategie di insegnamento diversificate ed efficaci.

Utilizzando queste competenze in modo sinergico, gli studenti possono beneficiare di un approccio personalizzato e adattato alle loro esigenze e ai loro obiettivi di apprendimento. Questo approccio pu aiutare gli studenti a raggiungere i loro obiettivi di apprendimento in modo pi efficace e significativo.

In conclusione, l'interazione delle competenze del coaching e delle competenze pedagogiche pu essere un'opportunit per migliorare l'efficacia dell'apprendimento.

Ecco alcuni esempi di come l'interazione di queste competenze pu essere applicata in ambito educativo:

- **Un insegnante di matematica pu utilizzare il coaching per aiutare uno studente a superare le difficolt in questa materia.**

- **Un tutor pu utilizzare il coaching per aiutare un alunno a prepararsi per un esame.**

- **Un counselor scolastico pu utilizzare il coaching per aiutare un adolescente a superare un momento difficile.**

In questi esempi, il professionista utilizza le competenze pedagogiche per progettare un intervento educativo personalizzato e le competenze del coaching per aiutare l'allievo a raggiungere i suoi obiettivi di apprendimento.

La comunicazione   un processo fondamentale per la costruzione di relazioni interpersonali positive, per il successo nel mondo del lavoro e per lo sviluppo delle societ .

La comunicazione   un processo di trasmissione di informazioni, idee, sentimenti o comportamenti tra una o pi persone. Questo processo avviene attraverso un canale o mezzo di comunicazione, che pu essere verbale, non verbale o una combinazione di entrambi.

La comunicazione pu esprimere diverse funzioni, come quella di persuadere, informare, istruire, divertire o esternare emozioni.

All'interno di una relazione professionale, il processo comunicativo viene progettato in ogni suo particolare. Questo importante perch la comunicazione   uno strumento fondamentale per la costruzione di fiducia e collaborazione tra professionisti e clienti.

In una relazione che si focalizza sull'apprendimento e sullo sviluppo umano, un ruolo importante   svolto dal feedback e dalla sintesi.

Il feedback   importante perch aiuta l'allievo a comprendere i propri progressi e a identificare le aree di miglioramento.

La sintesi   importante perch consente di esprimere in maniera concisa e semplice l'essenza del discorso.

Ecco alcuni suggerimenti per migliorare la comunicazione in ambito professionale:

- **Ascolta attentamente il tuo interlocutore.**
- **Rispondi in modo chiaro e conciso.**
- **Utilizza un linguaggio appropriato al contesto.**
- **Fornisci feedback costruttivo.**
- **Sii sintetico.**

Seguindo questi suggerimenti, potrai migliorare la tua capacit   di comunicare in modo efficace in ambito professionale.

Il coaching, l'educazione e la formazione sono ambiti di specializzazione che si basano sulla relazione tra un professionista e un allievo. Questa relazione non sarebbe possibile senza la comunicazione.

La comunicazione   fondamentale per lo sviluppo di una relazione di fiducia e collaborazione tra professionista e allievo. La comunicazione consente al professionista di comprendere le esigenze e gli obiettivi dell'allievo, e consente all'allievo di comprendere le strategie e i suggerimenti del professionista.

La comunicazione   anche fondamentale per il raggiungimento degli obiettivi di apprendimento. La comunicazione consente al professionista di fornire feedback all'allievo, e consente all'allievo di esprimere i propri dubbi e le proprie difficolt .

In conclusione, la comunicazione un processo fondamentale per il successo delle professioni di coaching, educazione e formazione. I professionisti di questi ambiti devono essere in grado di comunicare in modo efficace per costruire relazioni di fiducia e collaborazione con i loro allievi, e per aiutarli a raggiungere i loro obiettivi di apprendimento.

Ecco alcuni suggerimenti per migliorare la comunicazione in ambito di coaching, educazione e formazione:

- **Ascolta attentamente l'allievo.**

- **Rispondi in modo chiaro e conciso.**

- **Utilizza un linguaggio appropriato al contesto.**

- **Fornisci feedback costruttivo.**

- **Sii sintetico.**

- **Crea un ambiente di comunicazione positivo e accogliente.**

Seguindo questi suggerimenti, potrai migliorare la tua capacit di comunicare in modo efficace in ambito di coaching, educazione e formazione.

Per una comunicazione efficace necessario utilizzare una serie di competenze, sia intrapersonali che interpersonali.

Le competenze intrapersonali sono quelle che riguardano la capacit di comprendere e regolare i propri pensieri, emozioni e comportamenti. Sono fondamentali per la comunicazione efficace perch consentono al professionista di essere consapevole di s e di come le sue parole e i suoi gesti possono essere percepiti dall'allievo.

Le competenze interpersonali sono quelle che riguardano la capacit di comprendere e interagire con gli altri. Sono fondamentali per la comunicazione efficace perch consentono al professionista di comprendere le esigenze dell'allievo e di costruire una relazione di fiducia e collaborazione.

Nella relazione tra professionista e allievo, la comunicazione un processo complesso che coinvolge sia le competenze intrapersonali che interpersonali. Il professionista deve essere in grado di comprendere i propri pensieri, emozioni e comportamenti, e deve essere in grado di comprendere le esigenze dell'allievo. Deve anche essere in grado di costruire una relazione di fiducia e collaborazione, e deve essere in grado di adattarsi alle diverse situazioni e alle esigenze dell'allievo.

Per questo motivo, comunicare in modo efficace non   solo un saper fare, ma   anche un saper essere. Il professionista deve essere coinvolto attivamente ed empaticamente nella relazione, e deve essere motivato e interessato a aiutare l'allievo.

Ecco alcuni suggerimenti per migliorare la comunicazione efficace in ambito di coaching, educazione e formazione:

•**Sviluppa le tue competenze intrapersonali.** Impara a conoscere te stesso e a comprendere i tuoi pensieri, emozioni e comportamenti.

•**Sviluppa le tue competenze interpersonali.** Impara a comprendere gli altri e a costruire relazioni di fiducia e collaborazione.

•**Sii coinvolto attivamente ed empaticamente nella relazione.** Interessati all'allievo e al suo percorso di apprendimento.

•**Sii motivato e interessato a aiutare l'allievo.** Credi nel suo potenziale e aiutalo a raggiungere i suoi obiettivi.

Seguindo questi suggerimenti, potrai migliorare la tua capacit   di comunicare in modo efficace in ambito di coaching, educazione e formazione.

L'allenamento delle abilit comunicative pu   portare al raggiungimento dell'efficacia della relazione.

La comunicazione efficace   fondamentale per gli interventi educativi e di coaching. l'elemento essenziale per costruire relazioni di fiducia e collaborazione, per comprendere le esigenze dell'allievo e per aiutarlo a raggiungere i suoi obiettivi.

Affinch   la comunicazione sia efficace,   importante che si instaurino armonia e sintonia tra le persone che ne fanno parte. Questo si ottiene attraverso la comunicazione empatica, che   la capacit di comprendere e condividere le emozioni dell'altro.

La comunicazione empatica   una competenza fondamentale per i professionisti di coaching, educazione e formazione. Permette al professionista di costruire relazioni di fiducia e collaborazione con gli allievi, e di aiutarli a raggiungere i loro obiettivi in modo pi   efficace.

Ecco alcuni suggerimenti per migliorare la comunicazione empatica:

- **Ascolta attivamente l'allievo.** Presta attenzione alle sue parole, ma anche al suo linguaggio non verbale.

- **Mostra empatia.** Cerca di comprendere e condividere le emozioni dell'allievo.

- **Rifletti sull'esperienza dell'allievo.** Prova a immaginare come ti sentiresti al suo posto.

- **Rispondi in modo appropriato.** Offri supporto e comprensione all'allievo.

Seguindo questi suggerimenti, potrai migliorare la tua capacità di comunicare in modo empatico.

In particolare, Goleman (2007) descrive la sincronia come una danza in cui due persone, in maniera spontanea e spesso inconscia, sincronizzano i movimenti e i gesti dell'altro generando un'interazione emotiva. Questa sincronia è importante perché consente di creare un legame tra le persone e di costruire una relazione di fiducia.

Più le emozioni che i due individui provano sono simili, maggiore sarà il legame che si crea tra loro. Questo legame è importante perché consente di costruire una relazione di fiducia e collaborazione, che è fondamentale per l'efficacia della comunicazione.

All'origine della comunicazione risiedono due spinte motivazionali: il bisogno e l'intenzione.

Il bisogno è la consapevolezza di avere una necessità o un desiderio profondo che non è ancora stato soddisfatto o realizzato. Il bisogno può essere intrinseco, come il desiderio di crescere e svilupparsi, o estrinseco, come il desiderio di ottenere un risultato concreto.

L'intenzione è la volontà di raggiungere un obiettivo o di soddisfare un bisogno. L'intenzione è ciò che guida la comunicazione e la rende efficace.

Nel contesto del coaching, il bisogno è la motivazione intrinseca che spinge il coachee ad agire per raggiungere ciò che desidera. Il coachee si rivolge al coach perché ha la consapevolezza di avere un bisogno che non è ancora stato soddisfatto. Il coach può aiutare il coachee a identificare i suoi bisogni, a sviluppare le sue risorse e a raggiungere i suoi obiettivi.

In questo senso, il coaching può essere visto come un processo di crescita e sviluppo personale che aiuta l'individuo a soddisfare i propri bisogni e a raggiungere i propri obiettivi.

Ecco alcuni esempi di come il bisogno e l'intenzione possono essere alla base della comunicazione in ambito di coaching:

•Un coachee si rivolge a un coach perch desidera migliorare le sue performance lavorative. In questo caso, il bisogno la motivazione intrinseca a crescere e svilupparsi professionalmente.

•Un coachee si rivolge a un coach perch desidera superare una difficolt personale. In questo caso, il bisogno la motivazione intrinseca a migliorare la propria vita.

•Un coachee si rivolge a un coach perch desidera raggiungere un obiettivo specifico, come superare un esame o trovare un lavoro. In questo caso, il bisogno la motivazione estrinseca a ottenere un risultato concreto.

Il coach pu aiutare il coachee a identificare i suoi bisogni e le sue intenzioni, e pu fornire gli strumenti e il supporto necessari per raggiungerli.

Il bisogno un elemento fondamentale del coaching, poich consente di stabilire gli obiettivi specifici e di definire il percorso di cambiamento necessario per soddisfarli.

Il coach aiuta il coachee a identificare i propri bisogni e a lavorare su di essi in modo efficace e strutturato. Il coach sostiene il coachee nel raggiungimento dei propri obiettivi e nell'acquisizione di maggior consapevolezza di s e delle proprie risorse.

La comunicazione un elemento fondamentale del coaching.
Permette al coach di comprendere i bisogni e le intenzioni del coachee, e di fornire il supporto e le indicazioni necessari per aiutarlo a raggiungere i suoi obiettivi.

La comunicazione pu essere suddivisa in due tipologie:

•**La prima tipologia** rappresenta il proposito di una persona A di trasmettere qualcosa a B. Questa tipologia di comunicazione l'avvio dello scambio.

•**La seconda tipologia** rappresenta la finalit della comunicazione. Questa tipologia di comunicazione ci che A vuole comunicare a B e ci che vuole generare in quella persona.

Ci che contraddistingue la comunicazione dalle altre interazioni puramente casuali la consapevolezza di connettersi a qualcuno per uno scopo, di trasmettere un messaggio preciso e di generare una reazione mentale ed emotiva.

Ecco alcuni esempi di come la comunicazione pu essere utilizzata nel contesto del coaching:

•Il coach pu utilizzare la comunicazione per comprendere i bisogni e le intenzioni del coachee.

•Il coach pu utilizzare la comunicazione per fornire feedback e indicazioni al coachee.

•Il coach pu utilizzare la comunicazione per motivare e supportare il coachee.

La comunicazione   uno strumento fondamentale per il coaching. Permette al coach di costruire una relazione di fiducia e collaborazione con il coachee, e di aiutarlo a raggiungere i suoi obiettivi.

L'intenzionalit della comunicazione   rappresentata dalla ragione che sta a monte di un'azione prima ancora che l'azione stessa si verifichi.

Nella relazione educativa e di coaching, l'intenzionalit della comunicazione   fondamentale per costruire una relazione di fiducia e collaborazione. Permette al professionista e all'allievo di comprendere le reciproche intenzioni e di sintonizzarsi su un obiettivo comune.

Essendo la comunicazione un atto cognitivo, permette di rendere espliciti dei pensieri e delle emozioni che consentono al professionista e all'allievo di dare forma alla relazione che instaurano.

Ecco alcuni esempi di come l'intenzionalit della comunicazione pu essere utilizzata nel contesto educativo e di coaching:

•Il professionista pu utilizzare l'intenzionalit della comunicazione per chiarire i suoi obiettivi e le sue aspettative.

•Il professionista pu utilizzare l'intenzionalit della comunicazione per comprendere le esigenze e gli obiettivi dell'allievo.

•L'allievo pu utilizzare l'intenzionalit della comunicazione per esprimere i suoi bisogni e le sue emozioni.

La comunicazione   uno strumento fondamentale per la costruzione di relazioni efficaci. L'intenzionalit della comunicazione   un elemento chiave per rendere la comunicazione pi efficace e per costruire relazioni di fiducia e collaborazione.

Ecco alcuni suggerimenti per migliorare l'intenzionalit della comunicazione:

•**Pensa al motivo per cui stai comunicando.** Qual   il tuo obiettivo? Cosa vuoi ottenere?

•**Sii consapevole delle tue intenzioni.** Quali sono i tuoi pensieri e le tue emozioni?

•**Comunica in modo chiaro e conciso.** Usa un linguaggio semplice e comprensibile.

- **Ascolta attentamente l'altra persona.** Cerca di comprendere le sue intenzioni.

Seguindo questi suggerimenti, potrai migliorare la tua capacit di comunicare in modo intenzionale.

Essere consapevoli dell'intenzionalit della comunicazione comporta, da parte del professionista, l'impiego di un alto livello di attenzione affinch egli non perda di vista il focus della comunicazione, ossia l'intenzionalit stessa.

L'intenzionalit della comunicazione fondamentale per la comprensione e la condivisione del significato. Quando il professionista consapevole delle sue intenzioni, pu comunicare in modo pi chiaro e conciso. Questo consente al destinatario di comprendere il messaggio e di condividere il significato con il professionista.

Rendere esplicita l'intenzione permette anche al destinatario di prenderne consapevolezza e di condividere i contenuti che gli sono stati trasmessi. Questo aiuta a evitare fraintendimenti e interpretazioni errate.

Citando Anolli (2012), si pu riassumere il concetto dell'intenzionalit della comunicazione affermando che «il significato non si trova solo n nella mente del parlante n in quella del destinatario, bens nello scambio e nello spazio comunicativo fra i due». L'intenzionalit e il significato della comunicazione sono, quindi, frutto di un processo di condivisione e di presa di consapevolezza del processo comunicativo stesso.

Ecco alcuni suggerimenti per migliorare l'intenzionalit della comunicazione:

- **Pensa al motivo per cui stai comunicando.** Qual il tuo obiettivo? Cosa vuoi ottenere?

- **Sii consapevole delle tue intenzioni.** Quali sono i tuoi pensieri e le tue emozioni?

- **Comunica in modo chiaro e conciso.** Usa un linguaggio semplice e comprensibile.

- **Ascolta attentamente l'altra persona.** Cerca di comprendere le sue intenzioni.

Seguindo questi suggerimenti, potrai migliorare la tua capacit di comunicare in modo intenzionale e di costruire relazioni efficaci.

L'assertivit la capacit di esprimere il proprio pensiero o le proprie emozioni in modo chiaro, diretto e rispettoso dei propri diritti e di quelli degli altri.

Un comportamento assertivo non si traduce né nell'annullare l'altro, prevalendo su di lui e sminuendolo, né nell'annullare sé stessi, assecondando continuamente gli altri e silenziando i propri bisogni e interessi.

Una persona comunica in maniera assertiva quando, in maniera pacata, esprime un linguaggio verbale e non verbale congruenti e quando il contenuto che trasmette rispetta i principi propri e altrui.

Per poter controllare le proprie modalità comunicative e i propri comportamenti, e per fare in modo che essi siano autentici, è necessario riflettere sulla propria sfera interiore.

Il pensiero ha origine dalla raccolta di dati dall'esterno e dalla loro rielaborazione con ulteriori informazioni precedentemente interiorizzate. Per fare in modo che il pensiero rifletta la realtà è importante cercare dei dati reali che lo confermino o lo smentiscano.

Attraverso un processo di autoanalisi, di riflessione e di messa in discussione è possibile approfondire la conoscenza di sé stessi, del proprio modo di pensare e di confrontarsi e relazionarsi con la realtà circostante.

La consapevolezza dei propri diritti, pregiudizi, emozioni, esperienze pregresse e di ulteriori fattori che possono costituire un ostacolo comunicativo permette di individuare le modalità adeguate per autoregolarsi.

In questo modo, la persona acquisisce maggiore autoconsapevolezza ed è stimolata a creare un'immagine positiva di sé, nonché a individuare soluzioni positive ai problemi che le si presentano.

Ecco alcuni suggerimenti per migliorare l'assertività:

•**Sii consapevole dei tuoi diritti.** Tutti hanno dei diritti, come il diritto di essere trattati con rispetto, il diritto di esprimere le proprie opinioni e il diritto di dire di no.

•**Sii consapevole delle tue emozioni.** È importante riconoscere e accettare le proprie emozioni, sia positive che negative.

•**Sii assertivo nel linguaggio verbale.** Usa un linguaggio diretto e chiaro, evitando di usare frasi passive o indirette.

•**Sii assertivo nel linguaggio non verbale.** Il linguaggio non verbale è importante quanto il linguaggio verbale. Esprime il tuo stato emotivo e può influenzare la percezione che gli altri hanno di te.

•**Pratica l'assertività.** Più pratichi, più diventerai bravo ad essere assertivo.

L'assertività una competenza che può essere appresa e migliorata con la pratica. è una competenza importante per costruire relazioni efficaci e per raggiungere i propri obiettivi.

L'armonia interiore che si genera nell'individuo si riflette sul suo modo di relazionarsi con l'esterno e, quindi, nelle sue modalità comunicative verbali e non verbali.

La comunicazione assertiva è una competenza fondamentale per costruire relazioni efficaci e per raggiungere i propri obiettivi. È una competenza che si può imparare e migliorare con la pratica.

Nella relazione interpersonale le competenze assertive costituiscono degli strumenti chiave che consentono di creare relazioni sincere e sane, sulla base della condivisione e del confronto.

Nel coaching l'assertività è funzionale sia al coach sia al coachee. Per il professionista, è utile nel momento in cui deve fornire dei feedback o porre le domande stimolo. Per l'allievo, è fondamentale per riflettere su sé stesso e per individuare le proprie risorse e i propri punti di forza.

Ecco alcuni esempi di come l'assertività può essere utilizzata nel contesto del coaching:

- Il coach può utilizzare l'assertività per creare un ambiente di fiducia e rispetto.
- Il coach può utilizzare l'assertività per fornire feedback costruttivi al coachee.
- Il coach può utilizzare l'assertività per aiutare il coachee a sviluppare la sua autoconsapevolezza.

L'assertività è una competenza importante per il coaching. Permette al coach di costruire una relazione di fiducia e collaborazione con il coachee, e di aiutarlo a raggiungere i suoi obiettivi.

Ecco alcuni suggerimenti per migliorare l'assertività:

- **Sii consapevole dei tuoi diritti.** Tutti hanno dei diritti, come il diritto di essere trattati con rispetto, il diritto di esprimere le proprie opinioni e il diritto di dire di no.
- **Sii consapevole delle tue emozioni.** È importante riconoscere e accettare le proprie emozioni, sia positive che negative.
- **Sii assertivo nel linguaggio verbale.** Usa un linguaggio diretto e chiaro, evitando di usare frasi passive o indirette.
- **Sii assertivo nel linguaggio non verbale.** Il linguaggio non verbale è importante quanto il linguaggio verbale. Esprime il tuo stato emotivo e può influenzare la percezione che gli altri hanno di te.
- **Pratica l'assertività.** Più pratichi, più diventerai bravo ad essere assertivo.

Nella relazione educativa, di formazione e di coaching la comunicazione assertiva tra professionista e allievo favorisce la creazione di una relazione equilibrata in cui governano il rispetto reciproco e il riconoscimento dei diritti, dei bisogni e dei desideri propri e dell'altro.

Le capacit di pensiero e i comportamenti assertivi consentono di agire nel rispetto di tutti, senza sovrastare n annullare alcun individuo.

La comunicazione assertiva una competenza fondamentale per costruire relazioni efficaci e per raggiungere i propri obiettivi. una competenza che si pu imparare e migliorare con la pratica.

Nel contesto educativo, di formazione e di coaching, la comunicazione assertiva importante per:

- Creare un ambiente di fiducia e rispetto.
- Fornire feedback costruttivi.
- Aiutare l'allievo a sviluppare la sua autoconsapevolezza.
- Favorire il processo di apprendimento.

Ecco alcuni esempi di come la comunicazione assertiva pu essere utilizzata nel contesto educativo, di formazione e di coaching:

- Il professionista pu utilizzare la comunicazione assertiva per esprimere i propri bisogni e aspettative.
- Il professionista pu utilizzare la comunicazione assertiva per fornire feedback costruttivi all'allievo.
- Il professionista pu utilizzare la comunicazione assertiva per aiutare l'allievo a prendere decisioni autonome.

La comunicazione assertiva una competenza importante per il successo educativo, formativo e di coaching. Permette al professionista di costruire una relazione di fiducia e collaborazione con l'allievo, e di aiutarlo a raggiungere i suoi obiettivi.

Ecco alcuni suggerimenti per migliorare la comunicazione

assertiva:

- **Sii consapevole dei tuoi diritti.** Tutti hanno dei diritti, come il diritto di essere trattati con rispetto, il diritto di esprimere le proprie opinioni e il diritto di dire di no.

- **Sii consapevole delle tue emozioni.** importante riconoscere e accettare le proprie emozioni, sia positive che negative.

- **Sii assertivo nel linguaggio verbale.** Usa un linguaggio diretto e chiaro, evitando di usare frasi passive o indirette.

- **Sii assertivo nel linguaggio non verbale.** Il linguaggio non verbale importante quanto il linguaggio verbale. Esprime il tuo stato emotivo e pu influenzare la percezione che gli altri hanno di te.

- **Pratica l'assertivit .** Pi pratichi, pi diventerai bravo ad essere assertivo.

importante individuare il confine con i comportamenti tipici degli stili aggressivi o passivi.

Lo stile aggressivo caratterizzato da un comportamento dominante e impositivo. Il soggetto aggressivo cerca di ottenere ci che vuole a discapito degli altri, senza considerare i loro diritti e bisogni.

Lo stile passivo caratterizzato da un comportamento remissivo e sottomesso. Il soggetto passivo evita di esprimere i propri bisogni e opinioni per paura di dispiacere o di essere rifiutato.

La comunicazione assertiva un equilibrio tra lo stile aggressivo e lo stile passivo. un modo di comunicare che rispetta i propri diritti e i diritti degli altri.

Lo sviluppo personale riguarda la crescita dell'individuo sotto diversi punti di vista:

•**Sviluppo cognitivo:** la capacit di sviluppare uno spirito critico autonomo e di ampliare le scelte individuali.

•**Sviluppo emotivo:** la capacit di riconoscere e gestire le proprie emozioni e quelle degli altri.

•**Sviluppo sociale:** la capacit di costruire relazioni sane e soddisfacenti.

L'intelligenza emotiva un'abilit fondamentale per lo sviluppo personale. la capacit di comprendere e regolare le proprie emozioni, nonch di leggere e rispondere alle emozioni degli altri.

L'intelligenza emotiva si inserisce come intermediario tra il pensiero irrazionale e quello razionale. Permette di prendere decisioni in modo cosciente e responsabile, nonch di guidare le proprie azioni consapevolmente.

Ecco alcuni esempi di come l'intelligenza emotiva pu essere utilizzata per migliorare lo sviluppo personale:

•**Per gestire lo stress e le emozioni negative.**

•**Per costruire relazioni sane e soddisfacenti.**

•**Per raggiungere i propri obiettivi.**

•**Per migliorare la propria autostima.**

Ecco alcuni suggerimenti per migliorare l'intelligenza emotiva:

•**Sii consapevole delle tue emozioni.** Impara a riconoscere e a comprendere le tue emozioni, sia positive che negative.

•**Gestisci le tue emozioni in modo sano.** Impara a esprimere le tue emozioni in modo sano e costruttivo.

•**Capisci le emozioni degli altri.** Impara a leggere e a rispondere alle emozioni degli altri.

•**Pratica l'empatia.** Impara a metterti nei panni degli altri e a vedere le cose dal loro punto di vista.

Lo sviluppo personale un processo continuo. importante impegnarsi a migliorare se stessi in modo costante.

Daniel Goleman ha individuato cinque componenti dell'intelligenza emotiva:

•**Autoconsapevolezza:** la capacit di riconoscere e comprendere le proprie emozioni, sia positive che negative.

•**Autoregolazione:** la capacit di gestire le proprie emozioni in modo sano e costruttivo.

•**Motivazione:** la capacit di motivarsi e di perseverare nel raggiungimento dei propri obiettivi.

•**Empatia:** la capacit di comprendere le emozioni degli altri.

•**Abilit sociali:** la capacit di costruire relazioni sane e soddisfacenti.

Le cinque componenti dell'intelligenza emotiva sono interconnesse e si influenzano a vicenda.

L'autoconsapevolezza la base dell'intelligenza emotiva. Senza autoconsapevolezza, difficile gestire le proprie emozioni e comprendere le emozioni degli altri.

L'autoregolazione importante per gestire lo stress e le emozioni negative.

La motivazione importante per raggiungere i propri obiettivi.

L'empatia importante per costruire relazioni sane e soddisfacenti.

Le abilit sociali sono importanti per comunicare in modo efficace e per influenzare gli altri.

Ecco alcuni esempi di come le cinque componenti dell'intelligenza emotiva possono essere utilizzate nella vita quotidiana:

- **Autoconsapevolezza:** riconoscere che si arrabbiati prima di dire o fare qualcosa di cui ci si pentir .
- **Autoregolazione:** calmarsi prima di affrontare una situazione difficile.
- **Motivazione:** continuare a esercitarsi nonostante le difficolt .
- **Empatia:** capire il punto di vista di un amico che arrabbiato.
- **Abilit sociali:** chiedere aiuto quando si ha bisogno.

L'intelligenza emotiva una competenza che si pu imparare e migliorare con la pratica. Ci sono molti modi per migliorare l'intelligenza emotiva, come la meditazione, la mindfulness e la terapia.

L'intelligenza emotiva fondamentale per il coaching. Le quattro competenze che hai citato sono fondamentali per il coach in quanto esse favoriscono una migliore comprensione del coachee e lo aiutano a individuare e perseguire i propri obiettivi.

La consapevolezza di s fondamentale per il coach in quanto gli consente di comprendere le proprie emozioni, i propri punti di forza e di debolezza. Questo gli permette di essere pi obiettivo e di fornire feedback costruttivi al coachee.

La gestione del proprio mondo interiore importante per il coach in quanto gli consente di gestire le proprie emozioni in modo sano e costruttivo. Questo gli permette di essere pi calmo e presente durante le sessioni di coaching.

L'empatia fondamentale per il coach in quanto gli consente di comprendere il punto di vista del coachee. Questo gli permette di costruire una relazione di fiducia e collaborazione con il coachee.

La capacit di gestire le relazioni importante per il coach in quanto gli consente di costruire relazioni sane e soddisfacenti con il coachee. Questo gli permette di aiutare il coachee a raggiungere i propri obiettivi.

Una buona padronanza di abilit connesse all'intelligenza emotiva da parte del coach rende maggiormente efficace la relazione con il suo allievo e, quindi, ad aiutare quest'ultimo ad acquisire maggiore consapevolezza di s .

Infatti, un coach con una buona intelligenza emotiva sar in grado di:

- Creare un ambiente sicuro e di fiducia in cui il coachee si senta a suo agio a condividere le proprie emozioni e i propri pensieri.

- Fornire feedback costruttivi che siano basati sulla comprensione delle emozioni e dei bisogni del coachee.

- Aiutare il coachee a identificare i propri punti di forza e di debolezza.

- Stimolare il coachee a raggiungere i propri obiettivi.

Il coaching un processo che coinvolge sia il coach che il coachee. Un coach con una buona intelligenza emotiva sar in grado di creare una relazione positiva e produttiva con il coachee, e lo aiuter a raggiungere i propri obiettivi.

L'ascolto attivo e gli strumenti specifici possono essere utilizzati dal coach per aiutare il coachee a identificare e gestire le proprie emozioni, a comunicare in modo efficace e a sviluppare maggiore consapevolezza delle proprie emozioni.

L'ascolto attivo una tecnica di comunicazione che consente al coach di concentrarsi su ci che il coachee sta dicendo, sia a livello verbale che non verbale. Il coach utilizza tecniche come il parafrasare, la riformulazione e la riflessione per dimostrare al coachee che lo sta ascoltando e comprendendo.

Gli strumenti specifici sono tecniche e strategie che possono essere utilizzate per aiutare il coachee a identificare e gestire le proprie emozioni. Alcuni esempi di strumenti specifici includono:

- **La mindfulness:** una pratica che consente di concentrarsi sul momento presente e di accettare le proprie emozioni senza giudizio.

- **La gestione dello stress:** tecniche che consentono di ridurre lo stress e le emozioni negative.

- **La comunicazione assertiva:** la capacit di esprimere i propri bisogni e opinioni in modo chiaro e rispettoso.

Attraverso l'utilizzo di queste tecniche, il coach pu aiutare il coachee a:

•Identificare le proprie emozioni: il primo passo per gestire le emozioni riconoscerle. Il coach pu aiutare il coachee a riconoscere le proprie emozioni attraverso l'ascolto attivo e le domande aperte.

•Gestire le proprie emozioni in modo opportuno: una volta che il coachee ha identificato le proprie emozioni, pu imparare a gestirle in modo opportuno. Il coach pu aiutare il coachee a sviluppare strategie per gestire le emozioni negative in modo sano e costruttivo.

•Sviluppare relazioni pi sane e produttive: le emozioni giocano un ruolo importante nelle relazioni. Il coach pu aiutare il coachee a sviluppare relazioni pi sane e produttive insegnandogli come comunicare in modo efficace e come gestire le emozioni in modo opportuno.

In conclusione, l'utilizzo dell'ascolto attivo e di strumenti specifici pu essere un modo efficace per aiutare il coachee a identificare e gestire le proprie emozioni, a comunicare in modo efficace e a sviluppare maggiore consapevolezza delle proprie emozioni.

L'intelligenza emotiva fondamentale anche in ambito educativo e formativo. Aiuta sia i professionisti che gli allievi a sviluppare la consapevolezza di s e degli altri, la capacit di gestire le emozioni e le relazioni sociali e professionali.

L'intelligenza emotiva importante per i professionisti dell'educazione e della formazione in quanto:

•Consente loro di comprendere meglio gli studenti e le loro esigenze.

•Aiuta loro a creare un ambiente di apprendimento positivo e stimolante.

•Li rende pi efficaci nell'insegnare e nel guidare gli studenti.

L'intelligenza emotiva importante per gli studenti in quanto:

•Li aiuta a gestire lo stress e le emozioni negative.

•Li rende pi motivati e coinvolti nell'apprendimento.

•Li aiuta a sviluppare relazioni sane e produttive.

L'autoconsapevolezza una componente fondamentale dell'intelligenza emotiva. Goleman sostiene che l'autoconsapevolezza la capacit di riconoscere e comprendere le proprie emozioni, sia positive che negative. L'autoconsapevolezza importante in quanto consente di agire in modo consapevolmente e responsabilmente davanti alle situazioni stressanti.

L'identificazione degli interessi dell'educando importante in quanto consente di creare una condizione di sintonia con il professionista. Questa sintonia importante in quanto pu suscitare una motivazione intrinseca alla conoscenza negli studenti.

Le motivazioni interiori sono forze emotive, appassionanti, tale da suscitare una motivazione intrinseca alla conoscenza. Sono il motore dell'apprendimento.

In conclusione, l'intelligenza emotiva una competenza fondamentale per i professionisti dell'educazione e della formazione e per gli studenti. Aiuta a creare un ambiente di apprendimento positivo e stimolante, e a sviluppare relazioni sane e produttive.

L'instaurazione di un'interazione educativa basata sull'educazione delle emozioni fonte di benessere, soprattutto per il destinatario dell'apprendimento.

L'educazione emotiva un processo che aiuta le persone a riconoscere, comprendere e gestire le proprie emozioni. importante per tutti, ma particolarmente importante per gli studenti.

L'educazione emotiva facilita l'apprendimento collaborativo in quanto aiuta gli studenti a sviluppare la capacit di lavorare in gruppo, di ascoltare gli altri e di rispondere in modo appropriato alle loro esigenze.

La scuola come "orientamento di vita" rappresenta un luogo in cui gli studenti sono aiutati a sviluppare una maggiore consapevolezza dei propri bisogni e dei propri punti di forza. Questo li aiuta a identificare le proprie emozioni, regolare le proprie reazioni emotive e sviluppare strategie di coping, migliorando cos la loro motivazione e autoefficacia.

Ecco alcuni esempi di come l'educazione emotiva pu essere integrata nell'istruzione:

•**Le attivit di mindfulness:** possono aiutare gli studenti a concentrarsi sul momento presente e a gestire lo stress.

•**Le attivit di gestione delle emozioni:** possono aiutare gli studenti a identificare e comprendere le proprie emozioni e a sviluppare strategie per gestirle in modo sano.

•**Le attivit di sviluppo delle relazioni:** possono aiutare gli studenti a sviluppare la capacit di comunicare in modo efficace e di costruire relazioni sane.

L'educazione emotiva una competenza fondamentale per tutti gli studenti. Aiuta gli studenti a raggiungere il loro pieno potenziale e a vivere una vita pi felice e soddisfacente.

La World Health Organization (WHO) definisce le life skills come abilit che consentono ai singoli di affrontare con atteggiamento positivo le sfide quotidiane che si presentano. Queste abilit includono:

- **Consapevolezza di s** : la capacit di riconoscere e comprendere le proprie emozioni, i propri punti di forza e di debolezza.

- **Gestione delle emozioni:** la capacit di gestire le proprie emozioni in modo sano e costruttivo.

- **Relazioni interpersonali:** la capacit di costruire e mantenere relazioni sane e soddisfacenti.

- **Pensiero critico:** la capacit di pensare in modo razionale e di prendere decisioni informate.

- **Problem solving:** la capacit di identificare e risolvere problemi in modo efficace.

- **Decision making:** la capacit di prendere decisioni informate e ponderate.

- **Comunicazione efficace:** la capacit di comunicare in modo chiaro, conciso e rispettoso.

- **Risoluzione dei conflitti:** la capacit di risolvere i conflitti in modo pacifico e costruttivo.

La capacit di comprendere le emozioni degli altri fondamentale per costruire relazioni sane e soddisfacenti. Quando siamo in grado di comprendere le emozioni degli altri, possiamo essere pi empatici e comprensivi. Questo ci aiuta a costruire relazioni basate sulla fiducia e sul rispetto.

La capacit di comunicare in modo efficace anche fondamentale per le relazioni sociali. Quando siamo in grado di comunicare in modo chiaro e conciso, possiamo esprimere i nostri bisogni e i nostri desideri in modo efficace. Questo ci aiuta a costruire relazioni basate sulla comprensione e sulla collaborazione.

La capacit di risolvere i conflitti importante per gestire le relazioni in modo sano. Quando siamo in grado di risolvere i conflitti in modo pacifico e costruttivo, possiamo evitare che le relazioni si deteriorino.

In conclusione, le life skills svolgono un ruolo fondamentale nella gestione efficace delle relazioni sociali. Sviluppare queste abilit ci aiuta a costruire relazioni sane e soddisfacenti, sia nella vita personale che professionale.

Lo sviluppo dell'intelligenza emotiva permette di acquisire maggiore consapevolezza di s e degli altri, una migliore capacit di comunicare e di risolvere i conflitti, una maggiore empatia e una maggiore capacit di motivare s   stessi e gli altri.

L'intelligenza emotiva   un fattore cruciale nel coaching, nell'educazione e nella formazione, poich   aiuta gli allievi a sviluppare competenze sociali ed emotive fondamentali per la loro vita e carriera futura.

Nel coaching, l'intelligenza emotiva aiuta il coach a comprendere meglio il coachee e a costruire una relazione di fiducia e collaborazione. Il coach con una buona intelligenza emotiva sar   in grado di:

•**Creare un ambiente sicuro e di fiducia in cui il coachee si senta a suo agio a condividere le proprie emozioni e i propri pensieri.**

•**Fornire feedback costruttivi che siano basati sulla comprensione delle emozioni e dei bisogni del coachee.**

•**Aiutare il coachee a identificare i propri punti di forza e di debolezza.**

•**Stimolare il coachee a raggiungere i propri obiettivi.**

Nell'educazione e nella formazione, l'intelligenza emotiva aiuta gli studenti a sviluppare le competenze necessarie per avere successo nella vita e nella carriera. Gli studenti con una buona intelligenza emotiva saranno in grado di:

•**Gestire lo stress e le emozioni negative.**

•**Essere motivati e coinvolti nell'apprendimento.**

•**Costruire relazioni sane e produttive.**

•**Comunicare in modo efficace.**

•**Risolvere i conflitti in modo pacifico e costruttivo.**

In conclusione, lo sviluppo dell'intelligenza emotiva   importante per tutti, indipendentemente dall'et   o dalla professione. Sviluppare queste competenze ci aiuta a vivere una vita pi   felice e soddisfacente.

L'apprendimento esplicito e implicito sono due tipi di apprendimento che si distinguono per il modo in cui vengono acquisite le conoscenze.

L'apprendimento esplicito   un processo consapevole in cui l'individuo apprende nuove informazioni e competenze in modo intenzionale. Questo tipo di apprendimento   spesso associato all'istruzione formale, in cui gli studenti imparano nuove conoscenze e competenze attraverso la lettura, la scrittura, la discussione e altre attivit .

L'apprendimento implicito un processo inconsapevole in cui l'individuo apprende nuove informazioni e competenze senza un'intenzione specifica. Questo tipo di apprendimento spesso associato all'esperienza e al contesto, in cui le persone imparano nuove cose semplicemente vivendo e interagendo con il mondo che le circonda.

Nel coaching, l'apprendimento esplicito e implicito sono entrambi importanti. L'apprendimento esplicito pu aiutare il coach a sviluppare le conoscenze e le competenze necessarie per svolgere il proprio lavoro in modo efficace. L'apprendimento implicito pu aiutare il coach a sviluppare una maggiore consapevolezza di s e degli altri, che essenziale per costruire relazioni di fiducia e collaborazione con i coachee.

Ecco alcuni esempi di come l'apprendimento esplicito e implicito possono essere utilizzati nel coaching:

- **L'apprendimento esplicito** pu essere utilizzato per sviluppare le seguenti competenze:
- **Tecniche di coaching**
- **Fondamenti dell'intelligenza emotiva**
- **Processi di cambiamento**
- **L'apprendimento implicito** pu essere utilizzato per sviluppare le seguenti competenze:
- **Consapevolezza di s**
- **Empatia**
- **Capacit di costruire relazioni**

In conclusione, l'apprendimento esplicito e implicito sono due aspetti complementari dell'apprendimento. Entrambi sono importanti per il coaching, in quanto possono aiutare il coach a sviluppare le conoscenze, le competenze e la consapevolezza necessarie per svolgere il proprio lavoro in modo efficace.

In particolare, l'apprendimento implicito importante per il coaching in quanto:

- **Aiuta il coach a sviluppare una maggiore consapevolezza di s e degli altri.**
- **Aiuta il coach a costruire relazioni di fiducia e collaborazione con i coachee.**
- **Aiuta il coach a essere pi efficace nel fornire feedback costruttivi.**

Il coach pu sviluppare l'apprendimento implicito attraverso la riflessione, la pratica e il feedback dei propri clienti.

L'apprendimento esplicito   un processo consapevole in cui l'individuo apprende nuove informazioni e competenze in modo intenzionale. Questo tipo di apprendimento   spesso associato all'istruzione formale, in cui gli studenti imparano nuove conoscenze e competenze attraverso la lettura, la scrittura, la discussione e altre attivit .

L'apprendimento esplicito si concentra sull'organizzazione e sulla sequenzialit   della conoscenza, sulla strutturazione delle lezioni e sulla valutazione delle prestazioni degli studenti. Questo significa che l'apprendimento   progettato in modo da essere chiaro e lineare, con obiettivi e risultati specifici. L'apprendimento esplicito   anche valutato in modo formale, in modo da poter misurare il progresso degli studenti.

L'obiettivo principale dell'apprendimento esplicito   fornire una comprensione chiara e accurata delle informazioni, con l'obiettivo di migliorare la performance delle persone alle quali si rivolge. Per questo motivo,   importante individuare concetti e abilit   specifiche da insegnare, e supportare l'apprendimento con metodi personalizzati e feedback tempestivi.

Ecco alcuni esempi di come l'apprendimento esplicito pu essere utilizzato nel coaching:

- **Per insegnare al coachee le basi dell'intelligenza emotiva**
- **Per insegnare al coachee le tecniche di coaching**
- **Per insegnare al coachee come gestire lo stress e le emozioni negative**

In conclusione, l'apprendimento esplicito   uno strumento importante per il coaching. Pu   essere utilizzato per sviluppare le conoscenze e le competenze necessarie per svolgere il proprio lavoro in modo efficace.

Ecco alcuni consigli per rendere l'apprendimento esplicito pi   efficace nel coaching:

- **Concentrarsi su concetti e abilit   specifici**

- **Personalizzare l'apprendimento in base alle esigenze del coachee**

- **Fornire feedback tempestivi**

Il coach pu utilizzare una variet di tecniche per rendere l'apprendimento esplicito pi efficace, tra cui:

- **Lezioni frontali**

- **Attivit pratiche**

- **Test e quiz**

- **Feedback individuale**

- Nella relazione educativa avviene un passaggio implicito unico e irripetibile tra le sfere interiori delle persone coinvolte. Questo passaggio generato dall'interazione del potere trasformativo di ciascuno, che diventa generatore di un'esperienza dinamica e trasformazionale.

Le differenti visioni del mondo che si incontrano all'interno della relazione educatore-educando sono complici del processo di apprendimento che avviene tramite l'esperienza. Queste visioni rappresentano uno sfondo culturale, di pensiero, di valori e di modelli che influenzano il modo in cui l'evento formativo viene vissuto da entrambi.

Il "trasferimento" educativo implicito si svolge in primo luogo all'interno della relazione di fiducia e rispetto che si instaura con gli studenti. Questa relazione essenziale per far sentire gli studenti valorizzati e sostenuti nella loro crescita e sviluppo.

Successivamente, esistono diverse strategie che mirano a favorire l'apprendimento attivo e la crescita personale degli educandi. Queste strategie possono includere:

- **L'utilizzo di attivit pratiche e coinvolgenti**

- **Il focus sulla riflessione e la metacognizione**

- **La promozione della collaborazione e del lavoro di gruppo**

- **La creazione di un ambiente di apprendimento sicuro e inclusivo**

In conclusione, la relazione educativa un processo complesso e dinamico che coinvolge sia l'aspetto esplicito

che quello implicito dell'apprendimento. L'apprendimento implicito   un processo importante, in quanto pu   facilitare la crescita e lo sviluppo personale degli educandi.

Ecco alcuni esempi di come il "trasferimento" educativo implicito pu   avvenire nella pratica:

•Un educatore che mostra empatia e comprensione pu aiutare un educando a sentirsi pi sicuro e a esplorare nuove idee.

•Un educatore che condivide la propria passione per un argomento pu ispirare un educando a imparare di pi .

•Un educatore che crea un ambiente di apprendimento inclusivo pu aiutare un educando a sentirsi accettato e valorizzato.

Questi sono solo alcuni esempi, ma dimostrano come il "trasferimento" educativo implicito possa avvenire in modi diversi e imprevedibili.

- L'esperienza svolge un ruolo fondamentale nella vita di ogni individuo, nonch   nella formazione e continua trasformazione del pensiero razionale. L'interazione tra individuo e ambiente genera un intimo mutamento nella persona, che rappresenta la fonte di esperienze significative che svolgeranno un ruolo fondamentale, spesso in maniera inconsapevole, nella strutturazione di nuovi pensieri e nell'assunzione di determinate modalit   di interazione con il mondo.

Nel contesto formativo l'esperienza rappresenta proprio il modo per rendere ancora pi significativo e profondo il processo di apprendimento. Le attivit   pratiche e coinvolgenti, come il role playing e il tirocinio formativo, consentono agli studenti di sperimentare in prima persona le conoscenze e le competenze acquisite in classe. Questo tipo di apprendimento   pi   significativo, in quanto   basato sull'esperienza diretta e consente agli studenti di apprendere dai propri errori e di sviluppare nuove abilit .

Il role playing   un esercizio di simulazione finalizzato alla comprensione di specifici comportamenti. Questo tipo di attivit   pu   essere utilizzata per simulare situazioni lavorative, sociali o personali. Il role playing consente agli studenti di sperimentare diverse prospettive e di sviluppare la propria capacit   di empatia.

Il tirocinio formativo   un'esperienza pratica in cui lo studente viene inserito in un contesto lavorativo. Questo tipo di attivit   consente agli studenti di mettere in pratica le conoscenze e le competenze acquisite in classe e di sviluppare nuove abilit . Il tirocinio formativo   un'esperienza importante per la crescita personale e professionale degli studenti.

In conclusione, l'esperienza   un elemento essenziale del processo di apprendimento. Le attivit   pratiche e coinvolgenti consentono agli studenti di apprendere in modo significativo e profondo.

- La conclusione del percorso di studi e l'abilitazione alla professione non rappresentano il culmine dell'apprendimento per il coach. Il fatto che il suo lavoro sia basato sulla relazione con le persone, ed essendo le persone stesse uniche nella loro esistenza, implica una continua rielaborazione e riadattamento del bagaglio teorico che il professionista possiede alle realt che gli si presentano.

Il coach deve essere in grado di adattarsi alle diverse esigenze dei suoi coachee. Questo significa che deve essere in grado di ascoltare attentamente, comprendere le diverse prospettive e sviluppare soluzioni personalizzate.

Il coach deve anche essere in grado di imparare dai propri errori. Questo significa che deve essere disposto a riflettere sulla propria pratica e a apportare modifiche quando necessario.

In conclusione, il coaching una professione che richiede un continuo apprendimento e sviluppo. Il coach deve essere in grado di adattarsi alle diverse esigenze dei suoi coachee e imparare dai propri errori.

Ecco alcuni consigli per il coach che desidera continuare a imparare e crescere:

- **Partecipa a corsi di formazione e workshop.** Questo un ottimo modo per rimanere aggiornato sulle ultime tendenze e tecniche del coaching.
- **Leggi libri e articoli sul coaching.** Questo ti aiuter a sviluppare la tua conoscenza teorica.
- **Osserva altri coach al lavoro.** Questo ti aiuter a imparare da altri professionisti.
- **Rifletti sulla tua pratica.** Prenditi del tempo per pensare a cosa ha funzionato e cosa potrebbe essere migliorato.
- **Chiedi feedback ai tuoi coachee.** Questo ti aiuter a vedere come il tuo lavoro viene percepito.

Questi sono solo alcuni consigli, ma possono aiutarti a continuare a imparare e crescere come coach.

- L'apprendimento implicito un processo in cui le conoscenze e i valori vengono acquisiti in modo tacito, senza un'attenzione cosciente. Questo tipo di apprendimento pu essere favorito dall'utilizzo di metafore.

La metafora una figura retorica che crea un collegamento tra due oggetti o concetti apparentemente diversi. Questo collegamento pu essere basato su una somiglianza o su una differenza.

L'uso della metafora nell'apprendimento implicito pu essere efficace per i seguenti motivi:

•La metafora pu aiutare a creare un collegamento tra ci che nuovo e ci che gi conosciuto. Questo pu facilitare l'apprendimento e la comprensione del nuovo concetto.

•La metafora pu stimolare la creativit e l'intuizione. Questo pu portare a nuove idee e prospettive.

•La metafora pu essere un modo divertente e coinvolgente per apprendere nuove informazioni.

Le prassi pedagogiche fanno un frequente ricorso alle metafore. Questo dovuto al fatto che le metafore possono essere un modo efficace per trasmettere conoscenze e valori in modo creativo e intuitivo.

L'atto dell'interpretazione del significato della metafora diventa il momento educativo fondamentale. Questo perch l'interpretazione richiede un'analisi e una riflessione da parte dell'educando. Questo processo pu portare a un'approfondimento delle conoscenze e dei valori acquisiti.

Ecco alcuni esempi di come le metafore possono essere utilizzate nell'apprendimento implicito:

•Un insegnante di storia potrebbe utilizzare la metafora di un viaggio per descrivere il processo di apprendimento.

•Un insegnante di matematica potrebbe utilizzare la metafora di una costruzione per descrivere il processo di risoluzione di un problema.

•Un insegnante di italiano potrebbe utilizzare la metafora di un'opera d'arte per descrivere il processo di creazione di un testo.

Questi sono solo alcuni esempi, ma dimostrano come le metafore possono essere utilizzate in diversi contesti educativi.

- La metafora uno strumento fondamentale nelle tecniche di coaching in quanto favorisce la creazione di una relazione sana tra coach e coachee.

L'utilizzo di analogie e di immagini metaforiche consente all'allievo di parlare del proprio vissuto applicando un distacco emotivo che gli facilita l'accesso a livelli pi interiori di consapevolezza. Questo dovuto al fatto che la metafora offre un modo alternativo per esprimere il proprio vissuto, che pu essere meno minaccioso e pi facile da affrontare.

In questo modo, l'allievo riesce a far emergere anche aspetti che se venissero affrontati in maniera diretta verrebbero

omessi. Questo pu essere particolarmente utile nel caso di problemi o difficolt che l'allievo trova difficile affrontare.

Allo stesso tempo, anche il coachee pu fare ricorso alla metafora per esprimere sensazioni o vissuti che non riuscirebbe ad esprimere in altre parole. In questo caso il coach supporta il suo linguaggio entrando in sintonia e indagando insieme sul vissuto espresso.

Ecco alcuni esempi di come le metafore possono essere utilizzate nel coaching:

•**Un coach potrebbe utilizzare la metafora di una montagna per descrivere il percorso di crescita del coachee.**

•**Un coach potrebbe utilizzare la metafora di un fiume per descrivere il flusso delle emozioni del coachee.**

•**Un coach potrebbe utilizzare la metafora di un albero per descrivere le risorse del coachee.**

Questi sono solo alcuni esempi, ma dimostrano come le metafore possono essere utilizzate in diversi contesti di coaching.

In conclusione, la metafora uno strumento potente che pu essere utilizzato in diversi contesti educativi e di coaching. L'uso efficace della metafora pu favorire l'apprendimento e la crescita personale.

- L'apprendimento implicito trova fondamento nella sfera interiore pi o meno consapevole, nelle esperienze di vita pregresse e nelle relazioni instaurate precedentemente, che hanno contribuito a formare la personalit e il pensiero critico di ciascuno.

La trasmissione educativa implicita si basa sul passaggio di conoscenze e valori attraverso il comportamento e il linguaggio. Questo tipo di trasmissione pu avvenire in modo consapevole o inconsapevole.

Le metafore sono uno strumento potente che pu essere utilizzato per stimolare la riflessione sulle proprie esperienze e sui propri vissuti. Le metafore possono aiutare le persone a vedere le cose da una nuova prospettiva e a trovare nuove soluzioni ai problemi.

Nel coaching, le metafore, le domande potenti e i feedback sono solo alcune delle strategie utilizzate per aiutare gli allievi nel raggiungimento di maggiore autoconsapevolezza dei propri limiti e punti di forza.

In sintesi, il coaching che si basa sull'apprendimento implicito mira a far emergere le conoscenze e le abilit del cliente in modo naturale, attraverso la riflessione, l'esperienza e l'osservazione. Questo tipo di coaching pu aiutare le persone a scoprire e sviluppare le proprie risorse personali in modo efficace e sostenibile.

Ecco alcuni esempi di come l'apprendimento implicito pu essere utilizzato nel coaching:

•Un coach potrebbe utilizzare una metafora per aiutare un coachee a comprendere un concetto difficile. Ad esempio, un coach potrebbe utilizzare la metafora di un'auto per descrivere il processo di cambiamento.

•Un coach potrebbe utilizzare domande potenti per aiutare un coachee a riflettere sulle proprie esperienze. Ad esempio, un coach potrebbe chiedere a un coachee: "Quale insegnamento hai tratto da questa esperienza?"

•Un coach potrebbe fornire feedback al coachee per aiutarlo a sviluppare le proprie abilit . Ad esempio, un coach potrebbe dire a un coachee: "Ho notato che sei molto bravo a risolvere i problemi. Come fai?"

Questi sono solo alcuni esempi, ma dimostrano come l'apprendimento implicito pu essere utilizzato in diversi contesti di coaching.

- Il coaching educativo pu essere definito come un processo integrale orientato a favorire l'acquisizione e lo sviluppo delle competenze che permettono all'individuo di vivere un processo di crescita e autoapprendimento.

In particolare, nell'ambito dell'istruzione, il coaching educativo pu aiutare l'individuo a sviluppare tecniche di apprendimento pi efficaci, come la memoria, l'organizzazione delle informazioni e la gestione del tempo.

Le tecniche di coaching sono un insieme di strategie che consentono a ogni individuo di elaborare un processo di autoanalisi e sviluppo. Queste tecniche possono essere utilizzate da coachee, educandi e da coloro che dirigono gli interventi stessi.

Ecco alcuni esempi di tecniche di coaching educativo:

•Le domande potenti sono domande che stimolano l'allievo a riflettere sulle proprie esperienze e sui propri vissuti.

•Il feedback un'informazione che fornisce un'opinione o una valutazione su qualcosa. Il feedback pu essere positivo, negativo o neutro.

•La metafora una figura retorica che crea un collegamento tra due oggetti o concetti apparentemente diversi.

•**La visualizzazione** una tecnica che consiste nel creare un'immagine mentale di qualcosa che si desidera ottenere.

•**La pianificazione** un processo che consiste nel stabilire obiettivi e pianificare le azioni necessarie per raggiungerli.

Queste sono solo alcune delle tecniche di coaching educativo che possono essere utilizzate per aiutare gli individui a sviluppare le proprie competenze e a crescere.

Il coaching educativo pu essere un approccio efficace per favorire l'apprendimento e la crescita personale. Questo approccio pu essere utilizzato in diversi contesti educativi, come la scuola, l'universit e il lavoro.

- La combinazione delle competenze del coach e dell'educatore pu portare a un grande potenziale nella capacit del professionista di identificare le conoscenze e le abilit necessarie per raggiungere gli obiettivi dell'allievo e sviluppare un piano d'azione che includa gli aspetti di entrambe le professioni.

L'educazione fornisce le conoscenze e le competenze di base necessarie per affrontare le sfide e gli obiettivi personali e professionali. Il coaching pu essere utilizzato come supporto all'apprendimento, aiutando l'individuo a sviluppare la motivazione e la disciplina necessarie per apprendere nuove conoscenze e competenze.

Ecco alcuni esempi di come la combinazione delle competenze del coach e dell'educatore pu essere utilizzata:

- **Un coach educativo pu aiutare un allievo a sviluppare le proprie abilit di studio e di apprendimento.**

- **Un educatore pu aiutare un coach a comprendere le esigenze degli allievi e a sviluppare interventi efficaci.**

- **Un team di coach e educatori pu collaborare per creare un programma di apprendimento personalizzato per un gruppo di allievi.**

Questi sono solo alcuni esempi, ma dimostrano come la combinazione delle competenze del coach e dell'educatore pu essere un approccio efficace per favorire l'apprendimento e la crescita personale.

In conclusione, il coaching e l'educazione sono due discipline complementari che possono essere utilizzate insieme per ottenere risultati migliori.

La combinazione delle competenze pedagogiche con quelle del coach consente di instaurare una relazione sana orientata alla ricerca di un modo per far s che le persone credano in s stesse e trovino le risposte nel loro profondo.

Perch il processo di autoapprendimento abbia luogo, necessario che ci sia uno stimolo che muova l'individuo a ricercare delle modalit nuove che gli consentano di approfondire la conoscenza di s stesso. Questo stimolo rappresentato dall'intenzione, che legata alle circostanze individuali, ovvero ai bisogni attuali della persona, e vincolato a tutto ci che in essa gi implicito, cio al bagaglio culturale, esperienziale e relazionale che la rende ci che .

L'intenzione la forza che guida l'individuo verso il cambiamento e la crescita. ci che lo motiva a cercare nuove soluzioni ai suoi problemi e a raggiungere i suoi obiettivi.

La combinazione delle competenze pedagogiche con quelle del coach pu aiutare l'individuo a sviluppare la consapevolezza di s e la capacit di perseguire i propri obiettivi con determinazione.

Ecco alcuni consigli per aiutare l'individuo a sviluppare l'intenzione:

- **Aiuta l'individuo a identificare i suoi bisogni e desideri.**
- **Aiuta l'individuo a visualizzare i risultati che desidera ottenere.**
- **Aiuta l'individuo a sviluppare un piano d'azione per raggiungere i suoi obiettivi.**
- **Sostieni l'individuo durante il processo di cambiamento e**

crescita.

Questi sono solo alcuni consigli, ma possono essere utili per aiutare l'individuo a sviluppare l'intenzione e a intraprendere un percorso di autoapprendimento.

La comprensione dell'intenzione dell'individuo consente al professionista di impiegare le proprie competenze legandole alla motivazione dell'individuo ad apprendere e a raggiungere i propri obiettivi.

Creare un ambiente positivo e accogliente   importante per far sentire l'individuo a suo agio e motivato a partecipare al processo di apprendimento.

Fornire feedback costruttivi pu   aiutare l'individuo a identificare i propri punti di forza e di debolezza e a migliorare le proprie prestazioni.

Utilizzare tecniche di apprendimento attivo pu   aiutare l'individuo a impegnarsi attivamente nel processo di apprendimento e a comprendere meglio i contenuti.

Queste sono solo alcune delle competenze pedagogiche e di coaching che consentono di incoraggiare e stimolare l'allievo a impegnarsi attivamente nel proprio percorso di sviluppo.

In conclusione, la combinazione delle competenze pedagogiche con quelle del coach pu   essere un approccio efficace per favorire l'apprendimento e la crescita personale. Questo approccio pu   essere utilizzato in diversi contesti educativi, come la scuola, l'universit   e il lavoro.

I comportamenti assertivi sono fondamentali per risolvere i conflitti, riconoscere i diritti e i valori degli altri e individuare le proprie opinioni, emozioni e percezioni.

Le domande stimolo possono aiutare il coachee a esplorare le sue idee, pensieri, emozioni e obiettivi in modo pi   approfondito. Queste domande sono formulate in modo tale da stimolare il pensiero creativo e la riflessione e di solito sono aperte, cio   richiedono risposte articolate piuttosto che risposte come s /no.

Le domande stimolo possono aiutare il coachee a riflettere e a trovare soluzioni in modo autonomo. Ci pu portare a un maggiore autoconsapevolezza, un'identificazione dei blocchi e dei limiti, e alla creazione di un piano d'azione concreto per il raggiungimento dei propri obiettivi.

Ecco alcuni esempi di domande stimolo che possono essere utilizzate in un contesto educativo:

- **"Quali sono i tuoi punti di forza e di debolezza in questo argomento?"**
- **"Quali sono i tuoi obiettivi per questo corso?"**
- **"Quali sono le sfide che ti aspettano in questo percorso?"**
- **"Come pensi di superarle?"**
- **"Quali sono le tue risorse per raggiungere i tuoi obiettivi?"**

Queste sono solo alcune delle domande stimolo che possono essere utilizzate. L'importante che le domande siano formulate in modo da stimolare il pensiero creativo e la riflessione del coachee.

In conclusione, le domande stimolo possono essere uno strumento efficace per favorire l'apprendimento e la crescita personale.

Le competenze pedagogiche possono contribuire a creare un ambiente di Coaching pi efficace e stimolante, mentre le strategie di Coaching generano un impatto positivo sulla relazione educativa.

Le competenze pedagogiche possono aiutare il coach a creare un ambiente di fiducia e rispetto, in cui l'allievo o il coachee si senta a suo agio e motivato a partecipare al processo di apprendimento.

Le strategie di Coaching possono aiutare l'allievo o il coachee a sviluppare le proprie competenze e a raggiungere i propri obiettivi.

In conclusione, la combinazione delle competenze pedagogiche con quelle di Coaching pu essere un approccio efficace per favorire l'apprendimento e la crescita personale.

Ecco alcuni esempi di come le competenze pedagogiche e le strategie di Coaching possono essere combinate:

•Un coach pu utilizzare le sue competenze pedagogiche per creare un ambiente di apprendimento attivo e coinvolgente.

•Un educatore pu utilizzare le strategie di Coaching per aiutare gli allievi a sviluppare la motivazione e l'autoefficacia.

•Un team di coach e educatori pu collaborare per creare un programma di apprendimento personalizzato per un gruppo di allievi.

Questi sono solo alcuni esempi, ma dimostrano come la combinazione delle competenze pedagogiche con quelle di Coaching pu essere un approccio efficace per favorire l'apprendimento e la crescita personale.

CONCLUSIONI

Il fatto che il 100% dei soggetti abbia risposto in maniera affermativa alla domanda sull'utilit del corso di

COACHING rispetto all'acquisizione di nuove abilit   un dato importante..

Le risposte aperte dei partecipanti fanno emergere l'importanza della consapevolezza dei propri pensieri, emozioni e modalit relazionali attuate. proprio la consapevolezza ci che consente all'individuo di agire anzich reagire, ovvero di riflettere prima di agire anzich lasciare che l'azione stessa sia guidata dalle emozioni o da pregiudizi personali.

L'acquisizione di nuove abilit   determinata anche dalla ripetizione degli stimoli e degli eventi. In questo caso, la ripetizione   rafforzata dal desiderio di apprendere un nuovo modo di affrontare qualcosa che prima veniva affrontata in maniera non funzionale.

Successivamente,   la   pratica   intellettuale   e comportamentale che permette di consolidare dinamiche relazionali efficaci e armoniche, personalizzando i contenuti teorici ricevuti.

In conclusione, il corso ha contribuito a migliorare la consapevolezza dei partecipanti, la loro capacit di agire in maniera proattiva e la loro capacit di instaurare relazioni efficaci.

Ecco alcuni suggerimenti per migliorare l'efficacia del corso:

•Integrare attivit   pratiche e di riflessione per aiutare i partecipanti a consolidare le nuove competenze acquisite.

•Fornire ai partecipanti feedback personalizzati per aiutarli a identificare le aree in cui possono migliorare.

•Promuovere la collaborazione tra i partecipanti per creare un ambiente di apprendimento stimolante e supportivo.

Questi suggerimenti possono aiutare a rendere il corso ancora pi efficace e a garantire che i partecipanti possano raggiungere i propri obiettivi.

Il "Coaching come approccio pedagogico" significa credere nell'esistenza di una connessione tra questi due ambiti di specializzazione. Questa connessione si basa su alcuni principi comuni, come la valorizzazione del potenziale dell'individuo, l'orientamento al risultato e il focus sul processo di apprendimento.

Credere nell'esistenza di una connessione tra Coaching e Pedagogia significa permettere a s stessi di proporre una differente modalit di lavoro. Questa modalit di lavoro si basa sulla sinergia tra le competenze e le conoscenze di entrambe le professioni.

Nutrire il proprio punto di vista delle potenzialit offerte dall'altra professione significa arricchire il proprio bagaglio di conoscenze e competenze. Questo pu aiutare l'educatore o il coach a migliorare la propria pratica professionale e a offrire un servizio di maggiore qualit ai propri clienti.

Ecco alcuni esempi di come il Coaching pu essere utilizzato come approccio pedagogico:

•Un educatore pu utilizzare le strategie di Coaching per aiutare gli allievi a sviluppare la motivazione e l'autoefficacia.

•Un coach pu utilizzare le competenze pedagogiche per creare un ambiente di apprendimento attivo e coinvolgente.

•Un team di educatori e coach pu collaborare per creare un programma di apprendimento personalizzato per un gruppo di allievi.

Questi sono solo alcuni esempi, ma dimostrano come il Coaching pu essere utilizzato come approccio pedagogico per favorire l'apprendimento e la crescita personale.

In conclusione, il "Coaching come approccio pedagogico" un approccio innovativo che pu portare a un miglioramento della pratica educativa. Questo approccio si basa sulla sinergia tra le competenze e le conoscenze di entrambe le professioni e pu aiutare l'educatore o il coach a migliorare la propria pratica professionale e a offrire un servizio di maggiore qualit ai propri clienti.

Andando oltre al processo di trasmissione di contenuti tra insegnante e alunno, il desiderio di riuscire, tramite l'utilizzo di strumenti come le domande potenti o il feedback, ad attivare le risorse interne degli individui per aiutarli a raggiungere i propri obiettivi.

Le domande potenti sono uno strumento efficace per aiutare le persone a riflettere e a trovare le proprie risposte. Queste domande sono formulate in modo da stimolare il pensiero creativo e la riflessione e di solito sono aperte, cio richiedono risposte articolate piuttosto che risposte come s /no.

Il feedback un altro strumento efficace per aiutare le persone a crescere e a migliorare. Il feedback dovrebbe essere fornito in modo costruttivo e dovrebbe essere focalizzato sui comportamenti e sulle azioni, piuttosto che sulle persone.

**Utilizzando questi strumenti, l'educatore o il coach pu
aiutare l'individuo a sviluppare la consapevolezza di s , la
motivazione e l'autoefficacia.** Questo pu portare l'individuo a raggiungere i propri
obiettivi e a crescere come persona.

**Ecco alcuni esempi di come le domande potenti e il feedback
possono essere utilizzati in ambito educativo:**

**•Un insegnante pu   utilizzare le domande potenti per aiutare
gli allievi a comprendere meglio un concetto.**

**•Un insegnante pu   utilizzare il feedback per aiutare gli allievi
a migliorare le loro prestazioni.**

**•Un coach pu   utilizzare le domande potenti per aiutare gli
allievi a identificare i loro obiettivi.**

**•Un coach pu   utilizzare il feedback per aiutare gli allievi a
raggiungere i loro obiettivi.**

**Questi sono solo alcuni esempi, ma dimostrano come le
domande potenti e il feedback possono essere utilizzati in
ambito educativo per favorire l'apprendimento e la crescita
personal**

BIBLIOGRAFIA

Whitmore, J. (2002). Coaching for performance. Nicholas Brealey Publishing.

•Gallwey, T. (1974). The inner game of tennis. Random House.

•O'Connor, J., & Seymour, J. (1997). Coaching with NLP. HarperCollins Business.

•Stoltzfus, G. L. (1997). The coaching way to leadership. John Wiley & Sons.

•Kimsey-House, K., Kimsey-House, H., & Whitworth, L. (2007). Co-active coaching: New skills for coaching and leading change. Davies-Black Publishing.

•Hawkins, P. (2003). Coaching at work. McGraw-Hill.

•Grant, A. M. (2013). Give and take: Why helping others drives our success. Penguin Books.

●Goleman, D. (2006). Emotional intelligence. Bantam Books.

●Beckhard, R. (1991). One minute coaching. HarperBusiness.

●Whitmore, J. (2009). Coaching for change. Nicholas Brealey Publishing.

●Kilburg, R. R. (2009). The neuroscience of coaching: The neurochemistry, neuroanatomy, and neurophysiology that drive coaching results. NeuroLeadership Institute.

●Downey, M. (2003). Effective coaching. Routledge.

●Passmore, J. (2012). Coaching for leadership: Practical tools and techniques. Kogan Page Publishers.

●McDowall, S. (2010). The coach's handbook: A practical guide for anyone who wants to coach. McGraw-Hill Education (UK).

Printed by Amazon Italia Logistica S.r.l.
Torrazza Piemonte (TO), Italy

60922140R00050